suhrkamp taschenbuch 4294

Peter Bichsel gehört zu den seltenen Autoren, die schon an einem ihrer Sätze erkennbar sind. Häufig wird er deswegen als »Meister der kurzen Sätze« bezeichnet, mit Recht. In Kolumnen, Erzählungen und Romanprosa erzählt Bichsel Geschichten, die sich gerne ins überraschend Phantastische verspinnen – ohne Zuflucht zu gewundenen sprachlichen Konstruktionen zu nehmen. Vielmehr wohnt ihnen eine ganz eigene Besonnenheit inne, die sich darin ausdrückt, daß Bichsel sich und den Lesenden einfach und klar die wunderlichen Windungen und Wendungen des Lebens eingesteht.

Diese Auswahl aus Peter Bichsels erzählerischem und essayistischem Werk ist mehr als eine Blütenlese – fast eine Summe. Sie beteiligt uns an einem Prozeß des permanenten Suchens und Abwägens: All das ist schnell gesagt, aber langsam bedacht.

Peter Bichsel, geboren 1935 in Luzern, lebt als freier Schriftsteller in Bellach bei Solothurn. Zuletzt erschien *Über Gott und die Welt – Texte zur Religion*, herausgegeben von Andreas Mauz (st 4154).

Beat Mazenauer, geboren 1958, Autor, Kritiker und Literaturnetzwerker in Luzern und Zürich.

Severin Perrig, geboren 1961, Literaturwissenschaftler, Autor und Dozent in Luzern und Zürich. Zuletzt erschienen *Stimmen, Slams und Schachtel-Bücher* und *Am Schreibtisch großer Dichter und Denkerinnen*.

Peter Bichsel
Das ist schnell gesagt

Herausgegeben von
Beat Mazenauer und
Severin Perrig

Suhrkamp

suhrkamp taschenbuch 4294
Erste Auflage 2011
© Suhrkamp Verlag Berlin 2011
Suhrkamp Taschenbuch Verlag
Alle Rechte vorbehalten, insbesondere das
der Übersetzung, des öffentlichen Vortrags
sowie der Übertragung durch Rundfunk
und Fernsehen, auch einzelner Teile.
Kein Teil des Werkes darf in irgendeiner Form
(durch Fotografie, Mikrofilm oder andere Verfahren)
ohne schriftliche Genehmigung des Verlages reproduziert
oder unter Verwendung elektronischer Systeme
verarbeitet, vervielfältigt oder verbreitet werden.
Druck: CPI – Ebner & Spiegel, Ulm
Umschlag: Göllner, Michels
ISBN 978-3-518-46294-2

1 2 3 4 5 6 – 16 15 14 13 12 11

Das ist schnell gesagt

Erzählen und Schweigen

Wem könnte man diese Geschichte schon erzählen, diese Geschichte, die gar keine ist.

(KK, 390)

Ein Kind fragt seine Mutter: »Was für ein Tag ist heute?« Die Mutter sagt: »Heute ist Mittwoch.« »Was wäre, wenn Donnerstag wäre?« fragt das Kind; und die Mutter sagt: »Frag nicht so saudumm.« (S, 7)

»Erzähl mir etwas!« »Sag mal etwas auf französisch!« »Erzähl mir irgend etwas!« Diese Aufforderungen bleiben wohl immer erfolglos.

(G, 108)

Oder ist es vielleicht nur so, daß wir uns fürchten vor unseren eigenen Geschichten? (KK, 271)

»Was wäre wenn…«, das ist die Frage des Kindes, die Frage des Poeten, die Frage des Clowns.

(G, 116)

Erinnern Sie sich. Sie lagen als Kind im Bett,
schlossen die Augen und versuchten sich
vorzustellen, daß das Bett umgekehrt steht,
das Fußende nicht mehr zur Tür, sondern zum
Fenster. Und langsam drehte sich das Bett, und
Sie lagen in der falschen Richtung. Dann die
Augen öffnen, und flugs steht das Bett wieder
richtig. Ausprobieren, wie es wäre, wenn es
nicht so wäre, wie es ist.   (KK, 624)

Aber sind es denn wirklich Geschichten, die
das Leben schrieb? Das Schicksal? Der Zufall?
                                              (L, 87)

»**D**as ist doch keine Geschichte«, sagten wir.
»Es ist die Wahrheit, nichts als die Wahrheit«,
sagte Rösi.   (Z, 58)

Es ist gut möglich, daß einer die Geschichte
erfunden hat. Wahr ist sie trotzdem.   (L, 15)

Während ich Geschichten erzähle, beschäftige
ich mich nicht mit der Wahrheit, sondern mit
den Möglichkeiten der Wahrheit.   (L, 12)

»Es war einmal«, ein einfaches, ein nichts-
sagendes Sätzchen, und wohl eine der schönsten
Erfindungen der deutschen Sprache, eine Erfindung der Gebrüder Grimm, wenig andere Sätze
sind so schlicht, bescheiden und pathetisch zugleich. »Es war einmal«, das ist der Wahrheits-
beweis. Es ist der Anfang aller Geschichten,
aller Erzählungen – denn erzählen kann man
nur aus der Erinnerung heraus, Erzählen hat
mit Vergangenheit zu tun: Es war einmal. (Ü, 178)

Geschichtenerzählen ist Umgehen mit der Zeit,
und daß wir unser Leben als Zeit erleben, hat
damit zu tun, daß unser Leben endlich ist und
auch damit, daß das Leben unserer Freunde
endlich ist. (L, 11)

Habertruber pflegte seine Erklärungen mit
dem Wort »Kürzlich« einzuleiten. (B, 105)

Was uns nicht zur Erinnerung wird, ist nicht
erzählbar. Das »Es war einmal« des Märchens
ist nicht nur sein Anfang, sondern eigentlich
sein Motiv, sein Motor, es setzt die Geschichte

in Gang. Oder etwas moderner: Der Mann
am Stammtisch, der unbedingt etwas erzählen
möchte und der auf das Stichwort wartet, das
ihm Gelegenheit gibt, mit seiner Geschichte zu
beginnen, und ein entsprechendes Stichwort
fällt nicht, sagt plötzlich und unvermittelt:
»Übrigens kürzlich«, und das »Übrigens kürzlich« heißt meistens: »Lang, lang ist's her«.
Das Jetzt ist nicht erzählbar. »Live« ist keine
Geschichte.   (G, 107 f.)

Erzählen hat mit dem Erinnern zu tun und das
Erinnern mit Vergessenkönnen und Wiederfinden – mit dem langsamen Einfallen.
                                               (KK, 537)

Erzählen ist etwas anderes als Reden. Erzählen
formt die Sprache, und die Sprache formt den
Inhalt. Das Gefäß verändert den Inhalt auch
dadurch, daß es den Inhalt – das Chaos – in
eine Ordnung bringt. Erzählen ist tröstlich,
selbst das Erzählen, zum Beispiel, der Passion
von Jesus von Nazareth.   (Ü, 175)

Aber das Erzählen ist längst eingeholt worden
von der Aktualität, man erzählt nicht mehr,
Aktualität und Erzählung sind identisch geworden – das nächste Jahrhundertereignis wird
morgen stattfinden und das übernächste über-
morgen.   (KK, 570)

Sicher dient die Sprache dazu, Informationen
zu übermitteln. Offensichtlich versucht sie aber
stets, diese Leistung nicht zu erbringen.
                              (Die Geschichte, 18)

Wir können – so scheint mir – mehr und mehr
das eigene Leben nicht mehr erzählen, und
kaum mehr einer erzählt deshalb von sich.
                                           (KK, 270)

Ich meine damit gar nicht, daß man es anderen
erzählen können müßte, sondern vor allem sich
selbst.   (KK, 364)

Nur wenn sie es erzählen könnten, könnten sie
es auch erleben. Sprechen und Reden ist kein
Ersatz fürs Erzählen.   (KK, 363)

Cherubin konnte erzählen, und alles, was ihm
geschah, wurde zu seiner Geschichte.   (C, 18)

Wenn Rösi zu erzählen begann, flüchteten die
Gäste, denn eigentlich hatte sie nichts zu erzählen.   (Z, 55)

Am anderen Morgen schämte ich mich wie
immer und machte mir Vorwürfe und nahm
mir wieder einmal vor, ein nächstes Mal einfach
nichts zu sagen, zu schweigen und zuzuhören.
Es wird mir – so fürchte ich – auch ein nächstes
Mal kaum gelingen.   (KK, 353)

Einem Menschen zuhören, das heißt wohl immer, sich in ihn hineinzudenken.   (KK, 354)

Wer nicht hören kann, der erträgt das Hören
auch nicht.   (KK, 292)

Aber vorstellbar ist, daß es früher noch Zuhörer gab, geduldige Zuhörer. Geduld heißt auch mit Langeweile umgehen können, und Erzählen ist auch umgehen mit Langeweile. (KK, 362)

Ich habe das Warten gegen die Ungeduld der Langeweile eingetauscht. (B, 74)

Vielleicht ist das Zuhören etwas viel Höheres als das Verstehen. Und vielleicht sind wir schlechte Zuhörer, weil wir immer voreilig verstehen wollen. Und man kann wohl nur richtig zuhören, wenn man das Nichtverstehen toleriert. (H, 152)

Ich möchte nicht verstanden werden. Um das geht es gar nicht. Ich möchte, daß sich der Leser in meinen Geschichten versteht. (Cuny, 51)

Er hatte gelernt, den Augenblick des Erzählens jedem Wissen und jeder Brauchbarkeit vorzuziehen. (B, 105)

Kultur ist etwas Unökonomisches, so wie
Erzählen und Zuhören unökonomisch sind.
Das braucht nur Zeit, führt zu nichts – außer
das wäre nicht ein Nichts, wenn zwei Menschen
miteinander sprechen. (T, 111)

Vielleicht würde eine erzählende Gesellschaft
wirklich das Bruttosozialprodukt gefährden.
Ich könnte mir auch vorstellen, daß in armen
Gegenden mehr erzählt wird als in reichen.
Eine absurde Frage: Sind sie nicht reich, weil sie
zuviel erzählen, oder erzählen sie, weil sie nicht
reich sind? (KK, 363)

Erzählen ist etwas sehr Ernstes, etwas Stilles
im Kreise der Schlafbemützten (…). (G, 36)

Das Erzählen der Mutter am Bett vor dem
Einschlafen ist ein Mittel gegen die Verzweif-
lung, ist der letzte Schutz, die Begleitung in die
Nacht. Und Erzählen, das ist ein Tonfall.
(Ü, 174)

Und das Kind, das abends von der Mutter das Schneewittchen erzählt haben will – das will das Schneewittchen erzählt haben, weil es das Schneewittchen kennt. Und es wird sich wehren, wenn die Mutter neue Varianten erfindet. Es will die Geschichte genauso erzählt haben wie gestern und vorgestern. Es will nämlich nichts anderes als Erzähltbekommen. Das Erzählen ist die Wahrheit, nicht die Geschichte.   (Wie, 299)

Der Betrunkene auf der Parkbank – der Morgen war sehr heiß – sagte: »Erinnerst du dich an jenen«, er sagte einen Namen, »der vor 25 Jahren seine Frau mit einem Beil erschlug?« »Nein«, sagte ich. »Das war ich«, sagte er. »Es war vor 25 Jahren«, sagte er. »Erinnerst du dich?« sagte er. Am Nachmittag – es war heiß – quälte mich der Gedanke, daß ich ihn falsch verstanden haben könnte.   (Z, 27)

Unsere Zeit ist unfähig zu Legendenbildungen, weil uns durch die Informationstechnik das Erzählen abhanden gekommen ist. Der kurze Fakt, der kurze Eintrag im Guinnessbook haben das Erzählen verdrängt.   (KK, 263)

Wer nicht gleich verstümmelt wird, der hat
keine Chance, daß uns seine Leiden kümmern.

(KK, 283)

Sonst weiß ich nichts von diesem Mann, nur
eben, daß er ein Leben lang die Asche seiner
teuren Havannas sammelte – und irgendwie
beeindruckt mich das. (KK, 787)

Er hat das Gefühl, eine Biographie zu haben.

(KK, 145)

Ich meine nur, das Recht auf Biographie müßte
zum Menschenrecht erklärt werden. (G, 43)

»Ich suche die Polizistin, die im Frühling 1969
auf dem Stachus in München stand und den
Verkehr dirigierte.« Und was würde ich ihr
sagen, wenn ich sie finden würde? Ich würde
ihr sagen: »Damals, als Sie dort standen, bin ich
mit meinem Deux-Chevaux an Ihnen vorbei-
gefahren.« (KK, 747)

Nur in einer Erzählung kann jemand zu einer
Legende werden. Und weil wir nicht mehr
erzählen, bleibt alles live und schal.   (KK, 524)

»Du kennst doch einen Cherubin«, sagte der
Senn. »Ja, der erzählt schöne Geschichten«,
sagte die Kleine. »Und hast du ihn kürzlich
gesehen?« fragte der Senn. »Den sehe ich
immer«, sagte sie, »der erzählt Geschichten.«
»Wie sieht er denn aus, dieser Cherubin?« fragte
der Polizist. »Der sieht nicht aus, der erzählt
Geschichten.«   (C, 98)

In Langnau im Emmental gab es ein Waren-
haus. Das hieß Zur Stadt Paris. Ob das eine
Geschichte ist?   (Z, 44)

Die Geschichten sind nur deshalb Geschichten,
weil sie uns an Geschichten erinnern.   (L, 94)

Die Frage »Wie geht's« bleibt mit dem Wort
»Gut« unbeantwortet. Es ist die Frage nach
einer Geschichte.   (B, 23)

Und ich erinnere mich nur, daß ein älterer Mann mich mal auf der Straße angesprochen hat, gesagt hat, daß er ein bekannter Fußballer gewesen sei – vor dem Krieg – und daß er viel zu erzählen habe und daß man das alles einmal aufschreiben müßte. Ich habe es versucht.

(Z, 40)

Ich bin Schriftsteller geworden, weil ich ein schlechter Fußballer war, was ja im Olympischen durchaus auch heißen kann, schlecht in nationalen Tugenden.

(G, 136)

Ich bin ein Schriftsteller, und ich betreibe mit Spaß und Ärger ein Lügengeschäft, ein Fabuliergeschäft, und nun stehe ich hier und soll bekennen, was ich nicht bekennen kann. Ich bin ein Mensch, ein Mitglied der menschlichen Gesellschaft, und ich bin das gern, und weil ich das gern bin, bin ich auch ein Opportunist, ich bin schnell unter Christen ein Christ, unter Sozialisten ein Sozialist, unter Fußballfans ein Fußballfan – und ich schäme mich nicht dafür, ein Opportunist zu sein. Ich will dazugehören, ich will mit dabei sein. Opportunismus ist auch eine menschliche Fähigkeit. Trotzdem – nichts

anderes macht mir so angst wie mein Opportunismus. (Ü, 11)

Ich vertraue meinem »Nein, nein« mehr als meinem »Ja, ja«. (Ü, 11)

Schreibende sind nicht mit ihrer Phantasie
konfrontiert, sondern mit dem Umstand, daß
die menschliche Phantasie fast nicht existiert.
(KK, 666 f.)

Erzähl mir doch was, erzähl mir doch was,
und ohne mir Gedanken zu machen über Alter,
Aussehen, Beruf und soziale Bezüge, erfinde
ich mir einen Namen: Salomon Adalbert Meier –
ein Name, so schlecht wie jede Erfindung.
(B, 23)

Salomon Adalbert Meier ist nicht mehr zu verhindern. (B, 33)

Das ist eine schöne Geschichte. Aber sie ist
nicht weitererzählbar, weil ihr lautloses Kichern
nicht zu beschreiben ist, das ihre Erzählung
jedes Mal begleitete. (Z, 20)

Und Leben ist das, was man erzählen kann.

(KK, 585)

Jedes Leben, das in Wirklichkeit stattfindet,
kann uns daran hindern, daß es im Kopf
stattfindet, und Leben, das nicht im Kopf stattfindet, findet nicht statt –   (EB, 51)

Mich interessiert nicht die Wirklichkeit, sondern das Verhältnis zu ihr.   (Die Geschichte, 19)

Wahrheit ist ein großes Wort. Realität ist mir
lieber als Wahrheit. Aber das, was wir Phanta-
sieren nennen, ist nichts anderes als mit Realitä-
ten spielen, und die Totalerfindung, die gibt es
beim Schreiben nicht. Es ist unheimlich schwer
zu erfinden, selbst wenn man eine Person
beschreibt.   (Cuny, 46)

Ich denke beim Schreiben an einzelne Leute,
und ich verlasse mich dabei darauf, daß diese
Einzelnen vielen anderen Einzelnen gleichen.

(KK, 669)

Der Kolumnenschreiber sitzt vor weißem
Papier, sucht das »Irgend-Etwas« und er fürchtet, daß das Papier ab jetzt für immer weiß
bleiben wird. Das große Leiden. Vergleichbar
mit dem Erlebnis im Schreibwarengeschäft.
Man möchte eine Füllfeder ausprobieren, und
außer Wellenlinien, dem eigenen Namen und
der eigenen Adresse fällt einem nichts ein. Man
möchte irgend etwas schreiben, und das Angebot von irgend etwas ist zu groß, ist unendlich.

(G, 109)

Die Welt läßt sich nicht durch Herumgehen
und Anschauen einfach beschreiben. Wäre
sie so beschreibbar, sie wäre längst vollstän-
dig beschrieben und es gäbe keine Schreiber
mehr. Weil sie so einfach nicht beschreibbar ist,
schreiben die Schreiber weiter.   (KK, 287)

Ich hatte in all den Jahren ein einziges Krite-
rium für die Überprüfung der Qualität einer
Kolumne: Wenn ich am Ende genau das
geschrieben hatte, was ich mir zu Beginn vor-
stellte, dann schmiß ich sie in den Papierkorb.

(KK, 667)

Ich wollte etwas beweisen, ich habe während des Schreibens vergessen, was es war. (J, 55)

Was fällt mir eigentlich nicht ein, wenn mir nichts einfällt? Ein Nichts ist es ja nicht, das mir nicht einfällt. (KK, 723)

Warum ich das schreibe? Um für einmal zu schweigen über das Grauen dieser Welt. Am Morgen gelingt mir das Schweigen. (KK, 737)

Am Anfang war das Wort. Ich kann mir das nur schriftlich vorstellen. Es steht geschrieben. (Ü, 177)

Die Menschen kennen die Buchstaben, aber sie haben die Schrift mißbraucht. Sie dient ihnen nur noch als Beleg und Beweis, und was unterschrieben ist, das hat die ganze Wahrheit zu sein. (B, 113)

Die Schwierigkeiten beim Schreiben der Wahrheit – eine bekannte Frage, die sich auf Literatur bezieht. (KK, 63)

Trotzdem bleibe ich bei meiner Behauptung,
daß die Literatur ein Nebenbei ist. Wäre sie
es nicht, ich fürchte, die Politiker würden ihr
fatales Verhältnis zur Geschichte auch auf die
Geschichten ausdehnen und uns das Allerletzte
nehmen. (L, 95)

In der Literatur ist der Versuch das Höchste.
(G, 110)

Literatur ist darauf angewiesen, Unbedeutendes
tun zu dürfen. (L, 7)

Ich hab mit Schreiben angefangen, als ich einige
Buchstaben kannte, noch nicht mal alle, und
ich war dann auch mit 1 2 überzeugt, daß ich
ein Schriftsteller bin. Ich wollte keiner werden,
sondern ich war überzeugt, daß ich einer bin,
und ich hatte keine Anweisung, was es da zu
lesen gibt. (Cuny, 42)

Ich wollte damit nur noch einmal feststellen,
daß mich nichts anderes als die Buchstaben
zum Schriftsteller gemacht haben. (L, 14)

Wer die Buchstaben kennt und zusammenfügt,
dem erzählen sie Geschichten, dem erzählen sie
seine eigene Geschichte. (G, 109)

Und die Schrift dient nicht nur der Fixierung
des Mündlichen, die Schrift entführt das Münd-
liche in eine andere Welt, eine Welt übrigens,
die Bologna und Pisa nicht angenehm sein
kann, eine Welt, die andere Wertvorstellungen
hat als Effizienz. (Ü, 182)

Zwar beklagt man noch, daß die Jungen mit
Buchstaben wenig am Hut haben, die Erwach-
senen haben sie längst über Bord geworfen.
(KK, 718)

Die Vorbilder sind letztlich wir, wir alle.
(KK, 478)

Nun war ich also ein Schriftsteller und nahm
mir auch vor, bei irgendeiner späteren Gelegenheit die Kenntnisse des Alphabets nachzuholen.
(G, 11)

Warum schreibe ich das? Mir ist wieder einmal
drei Tage lang nichts eingefallen für diese Kolumne. Das ist sehr hart und blockiert einem
das Hirn, plötzlich geht nichts mehr, plötzlich
ist nichts mehr beschreibbar.   (KK, 286)

Wenn ich mich langweile bei irgendwelchen
Versammlungen, einer großen Versammlung
von Schriftstellern zum Beispiel, dann mache
ich ab und zu das »Metzgerspiel«. Ich stelle mir
vor, daß hier nicht über die Berufsbedingungen
von Schriftstellern diskutiert wird, sondern
über die von Metzgern. Die Diskussion beginnt
mich augenblicklich zu interessieren. Ich verstehe die Fachausdrücke nicht mehr – Verleger,
Lektor, Honorar, Lizenzen. »Honorar« ist wohl,
stelle ich fest, der Preis für Kälber, Lebendge-
wicht; ein Lektor vielleicht ein Viehhändler.
Viel spannender aber sind die Anwesenden.
Die Leute, die eben noch Schriftsteller waren,
sind jetzt Metzger. Und sie sehen plötzlich auch
so aus – diese Nase, dieses Kinn, diese Hände.
Die meisten kräftig und gemütlich, kaum einer
brutal – Metzger sind nicht brutal.   (KK, 623)

Endlich ist mir wieder etwas eingefallen. Das soll mir die Sache erleichtern. (J, 66)

Nur die Schrift hielt ihn davon ab, zum dauernden Denunzianten zu werden. Er mochte es nicht, wenn Polizisten nach Block und Kugelschreiber suchten. (B, 113)

Kürzlich fragte mich ein junger Freund, ob er mir eine schüchterne Frage stellen dürfe: Er wolle gern in einer Geschichte von mir vorkommen und wie er das anstellen müsse. Die Frage machte mich verlegen, aber ich mag ihn. Er heißt Fabian Malovini, und jetzt ist er drin in der Geschichte, und wir haben miteinander zu tun. (KK, 749)

Vielleicht kommt so auch einmal ein Zahnarzt in eine Geschichte. (Z, 25)

Sie haben sich wohl gedacht, mein lieber Freund, es sei schwer, in einen Roman zu kommen, aber es ist sehr leicht. Nur kommt keiner mehr raus, Sie sind jetzt drin (…). (Z, 47)

Von da weg kenne ich die Geschichte, und das
macht es keineswegs leichter, sie zu erzählen.

(B, 60)

Wer in Geschichten leben will, setzt sich auch
in ihnen gefangen. (KK, 505)

Das ist zwar eine erfundene Geschichte, ihr
Autor gibt das zu, und er weiß, daß das Leben
die Kunst weit öfter nachahmt als die Kunst das
Leben. Nur wird das Leben ab und zu und allzu
oft daran gehindert. (C, 97)

Vor Jahren gab es ein Schundheftchen an
Kiosken mit dem Titel »Wahre Geschichten«,
und im Sommer werden wieder Tausende möglichst weit reisen, um wahre Geschichten zu
erleben, und sie werden die Wahrheit mit einem
Druck auf den Knopf ihrer Kamera quittieren.

(KK, 131)

Dann sind es immer dieselben Bilder. Sehr
blauer Himmel, Wolken wie Wattebäusche und

hier noch einige Aufnahmen mit Madelaine.
Madelaine lacht und behauptet, sie sehe
schrecklich aus auf den Bildern.   (E, 27 f.)

Das »Dabeigewesensein« ist nicht viel wert.
Und ich fühle mich irgendwie betrogen. (KK, 95)

Und der mögliche Tagebucheintrag »Heute
nichts Besonderes« könnte unter Umständen
auch heißen, daß der heutige Tag nichts anderes
als wunderschön war.   (H, 84)

Ich habe noch nie Tagebuch geführt und weiß
deshalb nicht, was in wirklich intimen Tagebüchern, die niemand zu sehen bekommt,
drinsteht.   (KK, 64)

Ich mag Geschichten. Wenn ich tagsüber schlafen gehe, dann nur deshalb, weil ich tagsüber
träume.   (J, 81)

Vielleicht geht man deshalb zum Geschichtenerzähler, wenn man etwas über die Gewerk-
schaften wissen will. Von ihm wären vielleicht
noch die Luftschlösser zu erwarten, ein kleiner
Hauch von Hoffnung. (S, 100)

Ich plädiere gegen die praktische Anwendung
meiner Überzeugung. (S, 21)

Ich bin aber überzeugt, es gibt keine a-politi-
schen Autoren. Sogar jener brave Heimatautor,
der ein Gedicht über den schönen Bauernhof
schreibt, hat sich doch politisch engagiert:
nämlich ganz eindeutig auf der konservativen,
erhaltenden Seite. (B/A, 27)

Erzählen ist tröstlich. Das ist mitunter ärgerlich
für engagierte Autoren. (Ü, 175)

So verflucht einfach ist das. (KK, 352)

Es gelingt ihm aber, mit einzelnen bescheidenen Wörtern wie »Zwei Bogen Papier« oder »Was darf es sein« oder »Einen guten Tag wünsche ich auch«, so etwas zu verbreiten wie Geschichten, zu schweigen und zu erzählen zugleich.

(B, 119)

Mit den Geschichten der vergangenen Jahrhunderte könnten wir unser Leben bestehen. Die Geschichten sind alle schon geschrieben, die Geschichten der menschlichen Leidenschaften, von Liebe und Tod, Neid, Haß und Intrige – dem wäre eigentlich nichts hinzuzufügen, als: Wir wollen die Tradition des Erzählens und die Tradition des Zuhörens fortführen – und zwar jetzt, heute, in diesem Jahr, Kultur hat keine Zukunft, sie hat nur ein Jetzt.

(T, 110)

Das Lesen ist genauso Erfinden wie das Schreiben. Ein Wiedererfinden – was das Schreiben auch ist: Ein Schriftsteller ist einer, der immer wieder Dinge erfindet, die es bereits gibt.

(Ü, 180)

Lieber Habertruber, wir werden uns lächerlich machen. Du selbst hast mich überredet, über dich zu schreiben. Diejenigen, die uns lesen, sollten dich sehen! Deshalb verzichte ich wenigstens darauf, dich zu beschreiben. (B, 101)

Ich bin ein Geschichtenerzähler. Geschichten erzählen hat zum mindesten etwas mit Unsicherheit zu tun und sehr wahrscheinlich sogar etwas mit schlechtem Gewissen. (S, 93)

Der Traum eines Schriftstellers – daß jemand lesen kann, was er schreibt. (G, 102)

So möchte ich denn meinen Leser bitten, es mir gleichzutun und lesend zu vergessen, was er gelesen habe, so wie ich schreibend vergesse, was ich geschrieben habe. (B, 121)

Ich weiß, daß ich mir damit widerspreche, aber lassen Sie mir das. Ich widerspreche mir gern.

(S, 51)

An der Utopie verzweifeln

Ich schreibe Wahrscheinliches. (J, 9)

Meine Behauptungen haben ihren Ursprung in der Unsicherheit. (L, 7)

Ich habe mich als Kind furchtbar gelangweilt und meine Mutter damit gequält, die ich allerdings im Verdacht hatte, daß sie sich langweilt. Sie versuchte meine Langweile nur deshalb zu bekämpfen, weil ich es besser haben sollte als sie. Ich habe dann halt Bücher gelesen aus Langeweile. Ich habe versucht, ein Inhaltsverzeichnis meines Hirns anzulegen, aus lauter Langeweile. Und ich habe mich mehr und mehr daran gewöhnt, in der Langeweile zu leben – in den Leerstellen meines Hirns. (KK, 546f.)

Das ist nicht wichtig. (J, 8)

Frau Blum fürchtet, der Milchmann könnte ihr böse sein, der Milchmann könnte schlecht denken von ihr, ihr Topf ist verbeult. (E, 34)

Ist es unmoralisch, daß ich Zeit darauf verschwende, die Blätter meiner Palme zu zählen?

(KK, 241)

Ich liebe die Wiederholung. Sie müßte mich zwar langweilen, aber sie langweilt mich nicht. Sie langweilt mich dann nicht, wenn ich sie als Ritual erlebe.

(KK, 710)

In der Beiz sitzen zwei Gelangweilte. Der eine schaut ins Leere, und der andere fragt: »Was studierst du?« »Das gleiche wie du«, sagt der andere, dann wieder Stille. »Das gleiche wie du« – im Nichts werden wir uns gleich.

(KK, 658)

Das wäre doch eigentlich schön, wenn wir fähig wären, uns gegenseitig erzählte Langeweile abzuhören.

(KK, 321)

Inzwischen verbrachte ich wieder einmal einige Tage mit großer Langeweile. Nichts wollte gelingen, nichts wollte mir einfallen. Die Zeit wollte nicht vergehen, ich saß herum, ich ging

ein wenig durch die Stadt, und die Stadt fand
ich auch langweilig und die Leute auch und das
schöne Wetter auch. Dabei wußte ich ganz
genau, daß es nur meine eigene Gelangweiltheit
war, aber ich empfand nicht mich als langweilig,
sondern meine ganze Umgebung.   (KK, 364)

›Langweilige Geschichte‹, dachte er. ›Er liest
die Zeitung‹, dachte sie.   (E, 33)

Die etwas schwerfällige, aber wunderbare
Langeweile hat eine lustige, schöne, aber böse
Schwester – sie heißt Kurzweil. Sie versaut und
verkürzt uns das Leben, denn jene leere Ecke
in meinem Hirn, in der die Langeweile sich
gemütlich breitmachen möchte, jene leere Ecke,
in der die Langeweile zur Sehnsucht wird, das
wäre wohl ich – ich ganz selber. Aber immer
wieder ist sie besetzt von der schönen, bösen
Schwester Kurzweil. »Ich bin kein Dichter«, hat
Paul Valéry gesagt, »ich langweile mich nur.«
                                    (KK, 547)

Darf ich das? Darf ich mich langweilen? Ist es nicht unmoralisch, wenn ich mich hier langweile, während in der Welt Menschen gefoltert, Städte bombardiert, Jumbos abgeschossen werden, während in der Welt gehungert wird, während Tausende flüchten und Millionen arbeitslos sind? Und ich sitze da und leide unter Langeweile und beklage mich, oder ich strecke mich aus und genieße meine Langeweile.

(KK, 240)

Ich weiß nicht weshalb, aber ich möchte eigentlich auch Charakter haben – auf die Gefahr hin, daß Charakter bedeutet, eine ganze Welt auf eine Fahne zu reduzieren. Nun, ich schaff es ganz einfach nicht. (KK, 13 f.)

Wer eine Idee, eine Ideologie über die Wahrheit stellt, muß an ihr scheitern. (Rede, 12)

Das ist das Elend. Die Hoffnung auf die Freiheit ist immer Hoffnung auf totale Freiheit – nur Freiheit, nichts anderes als Freiheit.

(KK, 366)

Ein Staat – nicht unser Staat, sondern die Staaten alle –, der mit dem Wort Freiheit operiert, betrügt seine Bürger. (S, 83)

Wir haben viele Freiheiten. Aber wer kann sie benutzen? Oder ist das etwa Freiheit, daß wir Woche für Woche unseren Lottozettel abgeben dürfen und auf die Million hoffen dürfen, die dann die Freiheit wäre? Wieviel ist sie noch wert, diese Freiheit – die Freiheit des Nichteingesperrt-Seins? Oder meinen die Männer am Stammtisch etwa, daß wir alle im Selben eingesperrt sind, zum Beispiel im Zwang, das Abfahrtsrennen am Fernsehen schauen zu müssen? (KK, 162)

Die Hoffnung auf den Zufall ist nach wie vor der größte Feind des Sozialen, und für die meisten bedeutet Freiheit nichts anderes als das Recht, ein Reicher zu werden. (S, 73)

Reich sind wir nicht, aber der Virus Reichtum macht uns schon alle krank, und die bürgerliche Vorstellung, daß Freiheit nichts anderes ist

als das Recht aller, reich zu werden, das wird
auch mehr und mehr unsere Vorstellung. Wer
Freiheit mit Reichtum verwechselt, der hat sie
bereits verkauft.   (D, 60)

Der Markt ist frei, und die Künste sind frei.
Daß Freiheit auch mißbraucht wird, liegt im
Wesen der Freiheit. Die Größenordnung aber
ist eine Frage der Zivilisation.   (KK, 689)

Gibt es Freiheit nur als Hoffnung jener, die sie
nicht haben können?   (KK, 163)

Das Angebot der Freiheit macht frei. Jedes Angebot der Freiheit auch zu benützen, das würde
grauenhaft unfrei machen.   (KK, 366)

Nein, im Ernst, ich bin für die Abschaffung
des Begriffs Freiheit. Mit ihm wurde und wird
immer Schindluder getrieben.   (KK, 401)

Vielleicht gilt sein verzweifelter Kampf nur
seinem Recht auf Verzweiflung.   (KK, 153)

Wir sind das Land der Freiheit und mit Schiller
und mit den Ausländern davon überzeugt, daß
wir uns die Freiheit mit Revolutionen erkämpft
hätten. (D, 14)

Ich möchte es nur nicht Freiheit genannt haben.
Es wäre mir lieber, wenn man das Sozialver-
ständnis nennen würde, soziales Verhalten. Ich
möchte lieber in einem sozialen Staat leben als
in einem freien. (KK, 402)

Es gibt auf dieser Welt keine andere Sicherheit
als die Solidarität der Mitmenschen. (Ü, 157)

Daß der reale Sozialismus gescheitert ist, das
bringt mich ebensowenig davon ab, Sozialist zu
sein, wie mich das Scheitern der realen
Demokratie davon abbringt, Demokrat zu sein.
Allerdings ist es nirgends so schwer, auf
den Sozialismus zu hoffen, wie im Sozialismus –
nirgends so schwer, auf die Demokratie zu
hoffen, wie in der Demokratie. (D, 100)

Ich bin Sozialist, ich bin linker Sozialist, ich hatte meine kommunistischen Träume, habe sie immer noch, aber wenn ich hätte erobert werden sollen, wäre ich doch am liebsten von den Amerikanern erobert worden. (Cuny, 62)

Als die Gazellen von den Löwen Mitbestimmung forderten, waren die Löwen dagegen. »Es kommt noch so weit, daß die Gazellen bestimmen, wen wir fressen«, sagten die Löwen. (S, 91)

Eine Revolution ist dann erfolgreich, wenn sie opportun wird, wenn plötzlich die alten Opportunisten zu einem neuen Opportunismus finden – denn die Opportunisten sind immer, und immer wieder, die Mehrheit. (KK, 399)

Das leuchtete denn auch den Gazellen ein. »Eigentlich haben sie recht«, sagte eine Gazelle, »denn schließlich fressen wir ja auch.« – »Aber nur Gras«, sagte eine andere Gazelle. »Ja, schon«, sagte die erste, »aber nur weil wir Gazellen sind. Wenn wir Löwen wären, würden wir auch Gazellen fressen.« – »Richtig«, sagten die Löwen. (KK, 50)

Eine Revolution ist dann erfolgreich, wenn sie
anständig wird. (KK, 399)

Freiheit ist der Begriff aus dem abstrakten und
pathetischen Staatsbereich, Solidarität ein Begriff aus dem realen und pragmatischen Bereich
des Staates. Einer für alle, alle für einen: nur
kriegsgierige Haudegen können darunter etwas
anderes verstehen als Solidarität. (S, 85)

Er tut es für eine gute Sache und weil es getan
werden muß. Früher aber tat er es aus Überzeugung. (KK, 216)

Die Armen stellen es sich schön vor, wie der
König zu leben, und leiden darunter, daß der
König glaubt, arm sein sei für die Armen das
richtige. (K, 32 f.)

Der Friede hat – ich wiederhole das überzeugt –
dem Arbeiter Nutzen gebracht, aber richtig
bequem ist er nur für die andern. (S, 97)

Unnötig zu erwähnen, daß er reich geworden ist, unnötig zu erwähnen, wie und weshalb.

(Z, 11)

Der Arbeiter hält den Arbeitsvertrag nach wie vor für ein Geschenk des Arbeitgebers, und die Gewerkschaft ist oft allzu schnell bereit, dem Arbeitgeber diesen Erfolg zu schenken.   (S, 104)

Wer ein gutes Geschäft macht, verachtet seinen Geschäftspartner, so ist der Brauch.   (KK, 202)

Kürzlich hat mir ein Arbeiter gesagt, daß er den Kollegen X, einen Gewerkschaftsfunktionär, sehr schätze. Der rede sehr gut, aber leider rede er zu einfach. Er beherrsche die Sprache der Studierten nicht. Und so nütze es nichts, weil ihn nur die Arbeiter verstünden und nicht jene, denen er seine Sachen beibringen müsse.

(KK, 82)

Eine Wanderanekdote mit Methode: Was sich ein Arbeiter gefallen lassen muß, das soll ihm auch gefallen.   (KK, 48)

Nebenbei: Ist Ihnen aufgefallen, daß das Wort
»Arbeiter« wieder brauchbar geworden ist? Das
Ersatzwort »Arbeitnehmer« will nicht mehr so
richtig funktionieren. (KK, 49)

Man hat vor hundert Jahren aus dem Wort Arbeiter ein stolzes Wort gemacht und hat es dann
aufgegeben, als dieser Stolz die ersten Früchte
trug. (S, 95)

Aus der Leibeigenschaft ist eine Bankschuld
geworden. (KK, 288)

Alfons ist ein Ausbeuter, es bleibt ihm – wie
andern Ausbeutern – nichts anderes übrig, als
ein freundlicher Mensch zu sein: »You have a
friend by Chase Manhattan«, heißt der Werbe-
slogan einer Bank in Amerika; seit ich Alfons
kenne, hat der Slogan für mich Sinn. (KK, 77)

Es gibt gar keine Fronten zwischen Unterneh-
mern und Arbeitern, und die Unternehmer
laufen in keine Gefahr, wenn sie provozieren,

denn diese Arbeiter glauben nach wie vor an die
Möglichkeit, auch Unternehmer werden zu können, und sie denken im voraus mit ihnen und
erzählen ihre Geschichten weiter.   (KK, 50)

Die Kernfrage wird wohl die sein, ob der Arbeiter nicht schon so weit ist, die Macht des
Kapitals richtig und gut zu finden, daß er also
nicht bereit ist, etwas dagegen zu unternehmen.
                                          (S, 102)

Nun sucht er Ausreden. Nun ist der Vorarbeiter
ungerecht. Nun sind seine Kollegen Böse-
wichter, die ihm zuleide werken. Nun sind die
Italiener und die Türken und die Spanier an
allem schuld. Das tut mir am meisten weh an
Erwin, daß er nach und nach zum Faschisten
wird.   (KK, 234)

Ein ehemaliger Fremdenlegionär, der in Indo-
china war, erzählte mir mal, daß sie auf alles
geschossen hätten, auf Frauen und Kinder,
auf Rinder, Hühner und Schweine – nur nicht
auf Affen. Als ich ihn fragte »Warum?«, sagte
er: »Sie erinnerten uns an Menschen, und wir

hatten Erbarmen mit ihnen.« So weit kommt es,
wenn uns nicht mehr die Menschen selbst an
Menschen erinnern. (KK, 237)

Und die Moral, keine Moral. (KK, 8)

»Der Mensch ist ein bösartiges Tier«, schrieb
Joseph Conrad. Aber sie sind auch immer Menschen – diese bösartigen Tiere. Auch wenn sie
sich an der Organisation der Bösartigkeit beteiligen. (KK, 465)

Ich versuche eine andere Meinung zu haben –
es gelingt nicht, nichts zu machen. (KK, 19)

Wir sind sehr wenig weit gekommen in dieser
Welt – und wir behandeln nach wie vor alle
Probleme so, als würden wir im 19. Jahrhundert
leben (z. B. auch die Probleme der Atomkraft-
werke). (KK, 119 f.)

Kürzlich sagte ein Ignorant in der Beiz:
»Tschernobyl – hört doch auf damit! Das interessiert doch niemanden, und radioaktive Strah-
lung ist Blödsinn.« Sein Desinteresse läßt ihn
nicht mehr erkennen, daß es andere interessiert,
daß es überhaupt existiert. (KK, 276)

Vielleicht kommt nächstens ein kleines Taschen-
atomkraftwerk zu einem erschwinglichen Preis
auf den Markt. Ich schäme mich zum voraus
dafür, daß ich es kaufen könnte. Für was? Nur,
um es in Betrieb zu setzen. (H, 113)

Ich gehöre zu jenen, die vor jedem Elektronik-
geschäft, vor jedem Computerladen fasziniert
stehenbleiben. Ich würde das Zeug wohl auch
kaufen, wenn ich es bedienen könnte. Und ich
fürchte mich davor, daß ich schon bald etwas
nicht können werde, was alle anderen können.

(KK, 252 f.)

Nein, ich bin kein Technikmuffel. Technik
fasziniert mich. Für Elektronik verblödele ich
mein Geld. Es ist faszinierend, wie das alles
funktioniert – und daß es funktioniert.

(KK, 665)

Die Technik, auch die Atombombentechnik, wird weder von der Wissenschaft noch von der Politik verbreitet, sondern von jenen, die die Macht haben, von der Wirtschaft. Und Macht ist nur Macht, wenn sie Machtmißbrauch ist. Und noch etwas: Nein, ich habe nicht resigniert. Ich bleibe Demokrat, unter allen Umständen – so wie ich unter allen Umständen Sozialist geblieben bin. (KK, 609)

Ich mag nur den Zynismus jener nicht, die im Recht sind, und ich verwehre mich dagegen, daß Resignation staatsfreundlicher sein soll als Rebellion. (KK, 12)

Aber weshalb muß politische Arbeit dauernd Opfer fordern? Weshalb ist es so edel, daran kaputtzugehen, sich aufzureiben, zerstört zu werden? Wer hat das erfunden, daß man an der Politik kaputtgehen muß, und warum? (S, 94)

Es gibt auch die Krise der Parteien, die Krise des Staates, die Krise des Gesangvereins, wenn Sie so wollen – und da wollen einige wenigstens den Gesangverein retten. (S, 155)

Die Partei sucht Mitglieder, aber wer will sich schon um Dinge kümmern, in denen er zwar wohnt, aber nicht lebt. Unsere Hoffnungen sind anderswo, unsere Freude ist anderswo, unsere Sehnsucht ist ausgewandert. (KK, 141)

Wir haben die Freiheit, die wir verteidigen wollen, auch zu benützen. (S, 65)

Die Freiheit ist nirgends auf der Welt groß genug, als daß es genügen würde, sie zu pflegen. Man muß sie überall in der Welt erkämpfen und verteidigen. (S, 165)

Freiheit, das ist ein eigenartiges Wort. Es ist so leicht zu verstehen, so leicht auszusprechen, es ist so leicht, sich Freiheit vorzustellen. Es ist so leicht zu sagen, daß Freiheit die Rücksichtnahme aller auf alle bedeute. (KK, 401)

Größe ist so oder so eine Schweinerei, die Größe der Reichen und die Größe der Armen. (KK, 102)

Vielleicht wissen sie jetzt, daß nur die Freiheit aller anderen ihre eigene Freiheit bedeuten kann. (KK, 290)

Freiheit in der Relation ist relative Freiheit. (G, 124)

Liberale Menschenrechte werden nur noch gewährt, wenn ihre direkte Nützlichkeit nachgewiesen werden kann. Gesellschaftliche Forderungen der Sozialisten werden ausschließlich danach beurteilt, ob sie unserer Wirtschaft dienen oder schaden. (S, 99)

Unabhängigkeit ist einen Dreck wert, wenn die Macht auf der Welt nicht politisch, sondern wirtschaftlich ist. (KK, 119)

Wer erfolgreich ist, ist in unserer Welt ein Vorbild. Der Mächtige ist das Vorbild dafür, daß Macht etwas Gewalttätiges ist. Und auch ohne die Gefahr von Demonstrationen hätten in Genf Hunderte von Polizisten die Mächtigen geschützt – die Mächtigen gefallen sich im Glanz der Gewalt. (KK, 741)

Kapitalkraft ist in unserer Gesellschaft ein Lei-
stungs- und Erfolgsausweis.   (S, 76)

– auch darüber gibt es nicht viel zu sagen, höch-
stens, daß es wohl selbstverständlich ist, daß
sich die Feiglinge gut als Führer eignen.

(KK, 338)

Es liegt also keine Hoffnung darin, wenn der
Feldwebel, wenn der Hauptmann, wenn der
Oberst ein bißchen netter würden. Sie sind es
privat schon alle – gute, anständige Bürger, die
ihre Pflicht tun. Ihre Darstellung der Macht ist
keine persönliche, sondern eben eine notwendi-
ge militärische Darstellung. Meine Angst aber –
und die Macht lebt nur von der Angst –, meine
Angst, mit der ich immer noch träume, ist eine
ganz persönliche.   (KK, 269)

(…) das ist diese eigenartige Mischung von
Resignation und Hoffnung. Ich habe diese
Mischung als junger Mensch nicht verstanden,
nicht verstehen können, nicht verstehen wollen.
Ich bin etwas unglücklich darüber, daß ich älter
geworden bin und sie heute verstehe und mich

darin eingeübt habe. Es gibt die ketzerische
Vorstellung, daß jener Jesus von Nazareth gewußt hat, daß er die Welt nicht verändern wird.

(Ü, 197)

Es ist zum Verzweifeln, wenn man im Recht ist
und die Beweise dafür nicht akzeptiert werden.
Mich hat das sehr an Politik erinnert und an
unsere dauernde Resignation gegenüber Politik,
in der es eben kein Recht gibt, sondern Recht
hergestellt wird. (KK, 229)

Fritz ist schwer zu ertragen. Er redet saudumm,
ist sehr laut in der Wirtschaft, kann nicht zuhören, will nicht mehr hören, ist nicht orientiert,
redet einfach daher und oft auch bürgerliches
Zeug – ein schlechter Sozialdemokrat, ein halb-
herziger Gewerkschafter, ein Rückfälliger. Und
rückfällig ist er, weil man ihm das Selbstbe-
wußtsein wieder genommen hat. Fritz ist wieder
ein Lumpenproletarier. (S, 92)

Für politische Arbeit ist er nicht mehr zu ge-
brauchen. Seine Faust ist wieder in seinem Sack,
seine große Wut ist zu einem miesen Ärger geworden. (S, 92 f.)

Vielleicht war es doch nur die randlose Brille,
was ihn an Bühlmann ärgerte.   (E, 32)

Was ich aber verstehe, ist die Sehnsucht danach –
die Sehnsucht nach einer Welt, in der sich alles
mit sich selbst identifiziert, eine Welt, in der
der Bankier bereit ist, ein Bankier zu sein, der
Kapitalist bereit ist, ein Kapitalist zu sein, und
der Lehrer eben der Lehrer ist.   (KK, 33)

Daß alle Menschen gleich sind, das scheint mir
mehr und mehr ein rassistischer Satz zu sein.
Die Menschen sind nicht gleich, sie sind total
verschieden, jeder Mensch ist selber einer.
                                                (KK, 507)

Sie imitierte Einsteigen, sie spielte Einsteigen.
Sie spielte so geschickt, daß es jeder für Einsteigen, für richtiges, gewöhnliches und un-
reflektiertes Einsteigen gehalten hätte – was für
sie zerfiel, war für uns eine Einheit.   (B, 98)

Das ist sehr schön, wenn man an die Menschen
glauben kann, und wer den Glauben an sie
verliert, der verliert auch seinen Gott.   (Ü, 16)

Daß in der Demokratie mit Recht die Mehrheit entscheidet, führt zu der falschen Annahme, daß die Demokratie eine Sache der Mehrheit sei. Die Grundidee der Demokratie ist aber nicht die Mehrheit, es sind die vielen Minderheiten. (S, 12f.)

Nur habe ich oft das Gefühl, daß in dieser Demokratie zu wenige Demokraten leben und zu viele Ohnmächtige. (KK, 358)

Wir sind eine Demokratie ohne Demokraten mit dem Wunsch nach einem König, der dann allein die Demokratie machen soll. (work)

Es hat wohl viel mehr damit zu tun, daß es der Demokratie in über 150 Jahren immer noch nicht gelungen ist, aus Bürgern Demokraten zu machen. (KK, 701)

Der Staat ist für viele nichts anderes als eine Macht, gegen die man nichts machen kann. Sie leben in der Demokratie wie in einer Diktatur. (KK, 356)

Resignation kann zwar Staatstreue sein, aber sie ist zugleich staatsfeindlich; und es gibt eine Staatstreue, die die Demokratie lächerlich macht, ad absurdum führt und umbringt. Das wäre der letzte Sieg der genüßlerischen Zyniker.

(KK, 12)

Es sind die Verhältnisse, die die Ideen produzieren.

(D, 48)

Wir sprechen zwar viel von demokratischer Kultur und meinen damit dann wohl doch nur ein bißchen Wohlverhalten und ein bißchen Nettigkeit. Mir scheint, daß uns die Streitkultur verlorengegangen ist.

(KK, 490)

Zur Politik ist nur der Aufgeklärte fähig, eine Demokratie der Analphabeten ist undenkbar.

(D, 49 f.)

Ich erschrecke darüber, wie schnell die Leute wieder derselben Meinung sind.

(KK, 301)

Totalitäre sind solche, die bereits gedacht
haben, oder besser: bereits gedacht bekommen
haben – und die deshalb Denken für unnötig
halten. (KK, 310)

Es wird nicht mehr diskutiert, es wird behauptet. Politik ohne Argumente, das ist die Politik
der Analphabeten. (KK, 501)

Und gewarnt sei vor jenen, die sie spannend
machen wollen. Eine spannende Demokratie ist
keine mehr. (KK, 751)

Wer nur noch siegen und den Sieger will, hat
die Demokratie aufgegeben. (KK, 701)

Wer glaubt, er sei durch eine Mehrheit legiti-
miert, der ist ein Scheindemokrat. (S, 12)

So viel Minderheit wie die Tamilen sind wir
selbst noch längst. (KK, 250)

Es ist der Demokratie gelungen, Schuld und
Pflichten auf alle zu verteilen. Die Macht
aber funktioniert immer noch außerhalb des
Systems.   (D, 97)

Nicht selten wird der Wunsch nach »Weniger
Staat« genau von jenen in die Welt gesetzt, denen es nicht die geringste Mühe macht, aus den
Gesetzen des Staates ihren Nutzen zu schlagen.
Und oft meinen sie vielleicht doch etwas ganz
anderes, nämlich »Mehr Staat für weniger Menschen«.   (KK, 357)

Wir gehen alle davon aus, daß Menschen in
aller Welt an der Demokratie interessiert sind.
Doch die Demokratie ist nicht selbstverständlich. Sie wird benützt, auch zu undemo-
kratischen Zwecken.   (work)

Es gibt auch in dieser Demokratie Privilegierte,
Blutadel wurde durch Geldadel ersetzt, an Stelle
der Aristokraten sind die Emporkömmlinge
getreten; sie verteidigen ihre Privilegien damit,
daß sie jede Veränderung bekämpfen; jeder

Ausbau der Demokratie könnte ihre Rechte
beeinträchtigen, jede Veränderung ist eine Gefahr. Davon konnten sie ihre Mitbürger über-
zeugen, denn die gemäßigte Sozialisierung hat
dazu geführt, daß der Durchschnittsschweizer
ein Besitzender geworden ist; er ist bereit, den
Bodenspekulanten zu schützen, weil er damit
auch sein Blumengärtchen schützt; man nennt
das Toleranz. (D, 25)

Auf die Kultiviertheit der Mächtigen verzichte
ich gern. Und der Staat hat nicht kultiviert zu
sein, sondern zivilisiert. (KK, 673)

Der uralte Ruf nach konstruktiver Kritik ist
eine Scheinforderung, ihrem Inhalt nach bestimmt zu begrüßen, aber gemeint ist weder die
Kritik noch die Konstruktion, sondern nur die
Ruhe. (S, 173)

Was würde aus unserem Staat, wenn alle seine
Nützlichkeit einsehen würden und ihn entsprechend benutzen würden? Oder rechnet der
demokratische Staat vielleicht sogar damit, daß
nicht alle Leute in einer Demokratie auch de-
mokratisch denken können und wollen?

(KK, 357)

Könnte es so sein, daß man sich mehr und
mehr vor den politisch Aktiven im Land fürchtet und deshalb den Versuch unternimmt, die
Interessierten mit Hilfe der Uninteressierten zu
neutralisieren? Denn so unheimlich wenige sind
es nicht, die sich am Staat beteiligen, und wenn
es vierzig Prozent sind, ist es fast jeder zweite.

(KK, 72)

Das ist das alte Elend. Man ruft ewig nach den
Jungen, beklagt sich über ihr Fernbleiben, und
wenn sie endlich kommen, dann sind sie zu
jung.

(S, 105)

Für mich sind sie eine Hoffnung: vielleicht
gelingt es den Jungen, jene »einfache« Welt herzustellen, von der wir immer erzählten, auf die
wir so stolz sind und die es nie gab.

(KK, 171)

Ich habe gesagt: Hoffnung, nein, wenn sie was Weltliches ist, was Vernünftiges ist. Ich habe keinen Anlaß, nach allen Daten, und das sind wenige, die ich besitze, über das, was da so passiert in der Welt – ich habe keinen Anlaß, vernünftig Hoffnung zu haben. Und ich meine damit ein anderes Wort: Ich habe keinen Anlaß, Optimist zu sein. Und ich habe schon mehrmals gesagt, pointiert gesagt: Ich hasse nichts so wie die Optimisten. (Ü, 218)

Diesen Optimismus – ich glaube, den gilt's zu bekämpfen. (Ü, 219)

Ich glaube nur an die Utopie der Aufklärung, nur an den Widerstand. (KK, 320)

Vielleicht verändert sich die Welt, vielleicht versucht sie doch ab und zu ein bißchen besser zu werden als wir. Dank sei in diesem Fall jenen, die ab und zu bereit sind, der Welt ihren Lauf zu lassen. (G, 45)

Es gibt die Geschichte vom Kalifen, der mit seinen Leuten durch die Wüste reitet und plötzlich vom Kamel steigt, sich auf den Boden setzt und sagt: »Wir müssen hier lange warten, wir sind zu schnell geritten, unsere Seelen sind nicht so schnell, und wir müssen hierbleiben, bis sie uns wieder eingeholt haben.« Ich muß jedesmal daran denken, wenn ich fliege.

(KK, 328)

Die Zeiten haben sich geändert, nur die Zeiten.

(KK, 99)

Wir sparen keine Zeit, wir komprimieren sie nur, und weil wir zu schnell sind, können wir nicht mehr mit Zeit umgehen. (KK, 723)

Gibt es nicht mehr und mehr auch so etwas wie eine entfremdete Freizeit? (KK, 135)

Das 20. Jahrhundert war furchtbar schnell. Es war sozusagen schneller als wir. So gesehen, könnte man sagen, wir haben es verpaßt. Es hat uns überholt. (KK, 159)

Gestern saß ich wieder einmal mit ihm in der
Beiz. Wir haben geschwiegen – so geschwiegen,
wie wir auch damals oft schwiegen. Es war wieder mal ein guter Abend.   (H, 77)

Wenn man denkt, geht man gegen den Takt.
Die andern werden es so oder so bemerken.
Die andern möchten auch stehenbleiben, man
kann nicht unbemerkt stehenbleiben. Man kann
nicht.   (E, 48 f.)

Befremdliche Heimat

Aber wo sind wir stehengeblieben?   (Z, 38)

Ich habe das Recht, als Fremder in der eigenen
Gegend zu wohnen, denn ehrlich, ein Solothurner bin ich eigentlich nicht – Schweizer aber
schon, gar nicht so ungern, aber das spielt keine
Rolle.   (KK, 705)

Das ist schnell gesagt.   (K, 79)

Es ist mir viel wert, freiwillig in diesem Land
zu leben. Unfreiwillig würde ich es hier nicht
aushalten, unfreiwillig würde ich es auch in keinem anderen Land aushalten.   (KK, 366)

Ich bin kein patriotischer Schweizer, und ich
kann mir eine Welt ohne Schweiz gut vorstellen, und gleichzeitig fürchte ich, daß das schon
recht bald sein könnte.   (G, 42)

Bin ich jetzt ein besserer Schweizer, weil sich meine Familie schon seit Hunderten Jahren in dieser Gegend rumtreibt? Bin ich ein besserer Schweizer, weil ich mich nicht fürs Schweizersein zu entscheiden hatte? (work)

Dabei kennt dieses Land die Emigration. Kaum einer hier mit meinem Jahrgang kann die Frage »Woher kommst du?« eindeutig beantworten, denn irgendwo in Pommern ist er geboren, und irgendwo war er nur ein Jahr, und würde er zurückkehren, er wäre auch da nicht zu Hause, wo er herkommt. (KK, 189 f.)

Nein, Schweiz ist für mich nicht Geographie. Wenn ich an dieses Land Schweiz denke, denke ich an anderes als an seine Grenzen. (KK, 408)

Ich sag es immer wieder: Patriotismus ist etwas Verbrecherisches. Und wenn ich das irgendwo sage, sagt der andere: Du meinst wohl Nationalismus. Ich kann da beim besten Willen keinen Unterschied sehen. (work)

Man kann die Cervelat und die Berge und die
Schokolade gern haben, auch ohne ein Patriot
zu sein. (work)

Trotzdem möchte ich – ganz, ganz schüchtern
und verschämt – für die Abschaffung des Vater-
landes, der Nation plädieren. Nicht mit Erfolgs-
aussichten, nur damit es gesagt ist. (S, 90)

Das Label »Schweizer« gibt ihm den Hauch des
Exotischen in einem Land – Deutschland –, das
immer wieder große Bedenken gegenüber der
eigenen Kultur und eine sehr große Neigung
zum Exotischen hat. Wir Schweizer sind so
etwas wie die nahe liegenden Exoten. (G, 56 f.)

Wir haben uns angewöhnt, die Schweiz mit den
Augen unserer Touristen zu sehen. Ein Durchschnittsschweizer hält von der Schweiz genau
dasselbe, was ein Durchschnittsengländer
von der Schweiz hält. Unsere Vorstellung von
unserem Land ist ein ausländisches Produkt.
Wir leben in der Legende, die man um uns
gemacht hat. (D, 14)

Könnte es vielleicht sogar sein, daß jene, die dauernd voreilig nach Objektivität rufen, nichts anderes möchten als die Kritischen heimatlos machen? (KK, 183 f.)

Schweizer sein, das heißt ja vor allem einmal »kein Ausländer sein«. (KK, 437)

Die Angst vor dem Fremden sitzt tief in uns allen drin. In unseren Herzen wohnt ein kleiner Faschist. Den müssen wir mit unseren Köpfen bekämpfen. (work)

Unsere Wut auf die Fremden ist eine Wut auf uns selbst. (D, 76)

Verletzter Stolz führt zur Selbstverteidigung, selbst dann, wenn man sich seinen Stolz selbst verletzt hat. (KK, 437)

Nur eben, die Eigenständigkeit im Fremden zu suchen, das ist uns Schweizern noch immer fremd. (KK, 614)

Und er schlug vor, noch einen Whisky zu trinken, und er bat mich runterzugehen und eine Flasche zu holen. »Wir sind doch schließlich Schweizer«, sagte er, diesmal in Schweizerdeutsch. Ich beschloß einmal mehr, keiner zu sein, ging und holte die Flasche, nicht ohne eine Bemerkung zu Albert zu machen über die Betrunkenheit und Dummheit des Gastes, und wiederum wartete ich vergeblich auf ein Zeichen des Einverständnisses. So soll, dachte ich, wenn mir schon kein anderer es bestätigen will, er selbst bestätigen, daß er ein Nichts ist, und ich beschloß, sanft zu sein mit ihm und ihm den Whisky einzuflößen, und, wenn es sein muß, auch eine zweite Flasche zu holen.

(B, 68 f.)

Schuld daran ist so oder so immer der andere – der Feind: der Ausländer, der Asylant.

(KK, 437)

Das ist Rassismus – ohne Argumente, einfach so. (KK, 486)

Rassismus ist eine Geschichte der Unschuldigen, das macht ihn so grauenhaft. (KK, 158)

Der Liebling und der Bösewicht. Der Beste und der Schlechteste – die kategorische Ablehnung der Vielfalt, die tägliche Einübung in die Einfalt, die täglichen kleinen Schritte in Richtung Rassismus. (KK, 677)

Ich sitze in einem vollbesetzten Bus. Vor mir sitzt ein etwa 45jähriger Tamile. Kein hübscher Mann. Es kommt eine schwer gehbehinderte Dame herein, gebläutes, gepflegtes Haar. Der Tamile schnellt auf und bietet der Schweizerin seinen Sitz an. Sie schaut ihn mit haßerfülltem Blick an: Was fällt diesem Kerl ein, jetzt werden diese Ausländer noch freundlich! Gesagt hat sie es nicht. Aber sie hat es signalisiert. (work)

Und jetzt der Blick aus dem Fenster des Zuges auf das Land, das ich bin. (G, 123)

Bei uns aber kommen jene, die sprechen, in Verdacht. Eine Rede in der Schweiz ist immer Ausrede. Und die Deutschen, die sprechen uns zu viel. Sie sprechen immer, und sie sprechen alles aus. (S, 137)

Ich gestehe, daß ich grauenhaft Mühe habe mit den Deutschen. Wenn ich sie treffe, klappern sie alles herunter, was sie kennen und gelernt haben. Ich komme mir vor wie ein Lehrer, der nicht bereit ist, dem Musterschüler eine faire Note zu machen. (T, 29)

Die Deutschen haben ihre Identität nicht mehr gefunden. Sie mußten zu viel beweisen, sie mußten es zu schnell beweisen. (S, 147)

Die Deutschen sind ganz und gar keine Imperialisten, aber ihr untauglicher Versuch, kosmopolitisch zu sein, wirkt imperialistisch. (S, 144)

Wir geben den Deutschen keine Chance und fürchten, sie könnten sich die Chance selbst nehmen. (S, 141 f.)

Den Deutschen gelingt das Leben nicht. Ich kann deutsche Lebensart nicht beschreiben, ich frage mich, ob es überhaupt eine deutsche Lebensart gibt. (T, 33)

Deutschland – Leben in Deutschland – macht mich traurig. Die Deutschen erinnern mich an die Unmöglichkeit des Lebens schlechthin.

(T, 34)

Uns Deutschschweizern erscheint Hochdeutsch als pathetisch, das ist uns bewußt. Aber wenn wir es uns recht überlegen, dann erscheint uns jede Fremdsprache als pathetischer und bedeutender als die eigene.

(S, 58)

Es kann auch etwas verlorengehen, wenn man versteht, es kann eine Welt im Kopf verlorengehen. So freute ich mich zwar in Amerika über meine zunehmenden Englischkenntnisse – es ist, wie wenn man Licht am Ende des Tunnels erblickt –, aber meine Amerikabegeisterung nahm mit zunehmenden Sprachkenntnissen ab – Amerika wurde Wirklichkeit und fand nicht mehr in meinem Kopf statt.

(KK, 622)

Wer versucht, eine Sprache total – mit all ihren Ausnahmen – zu vermitteln, vermittelt sehr schnell totalen Blödsinn.

(S, 56)

Die deutsche Sprache wird in Australien ge-
pflegt, bei uns wird sie gesprochen.　　　(S, 56)

Dem Volk auf den Mund schauen, könnte vielleicht auch das damit gemeint sein – ein Thema
zu finden, wo man gleicher Meinung sein kann,
um damit Vertrauen zu schaffen für etwas ganz
anderes. Mir scheint, wir Schweizer, Deutsch-
schweizer, sind besonders anfällig dafür, unsere
Mundarten sind Sprachen des Verschweigens.
Wir sprechen im Konjunktiv, in der Möglich-
keitsform, wir denken und leben im Konjunktiv, unsere Sprache ist unverbindlich – ich habe
nichts gesagt, ich meine ja nur. Auch ich fühle
mich wohl in meiner Mundart, sie ist mir mehr
Heimat als alles andere Schweizerische.　(H, 20f.)

Wir Schweizer haben nicht den Eindruck, mit
Sprache umzugehen, wenn wir sprechen. Wir
sprechen die Dinge nicht aus. Inhalte werden
bei uns verinnerlicht und nicht ausgesprochen.
Die Deutschen aber sprechen.　　　　(T, 21f.)

Nur im Original – im alltäglichen Original –
mögen wir das Schriftdeutsche nicht.   (G, 60)

Es ist eigenartig, wie schnell man heimatlos
wird. Ich lebe keineswegs als Emigrant in
Frankfurt, ich hatte keinen Anlaß, aus der
Schweiz zu flüchten. Ich lebe durch Zufall hier
und nur für ein Jahr.   (KK, 182)

Ich leide unter Heimweh; aber es ist bestimmt
nicht Heimweh nach der Schweiz, nur Heimweh nach dem Bekannten.   (D, 20)

Heimat ist doch etwas anderes als nur das
Beste. Heimat ist Gewohnheit, nichts anderes.
      (KK, 195)

Ich jedenfalls würde heimatlos, wenn zum
Begriff der Heimat auch das Lob der Heimat
gehören würde. Gewohnheit ist mir lieb genug.
      (KK, 196)

So geschah jeden Tag das Unvermeidliche, daß
es Tag wurde, daß Studer das Hause verließ, um
halb acht, daß er zurückkehrte, daß die Frau im
Parterre das Haus verließ, daß sie es um zehn
Uhr schloß, daß man irgend einmal am Morgen
erwachte. (J, 40)

Gewohnheit ist etwas weit Höheres als Genuß,
Gewohnheit ist die alltägliche Art, das Leben
zu verbringen. Das Leben, das für jene kurz ist,
die es kurzweilig gestalten, und lang für jene,
die es langweilig gestalten. (KK, 621)

Heimat jedenfalls ist etwas Persönliches, und
Nationalität, die selbstverständliche, die einem
zufällt bei Geburt, ist noch lange nicht Heimat.
In Heimat muß man hineinwachsen oder
hineinerwachen. (H, 125)

Der Staat beansprucht die Qualität »Heimat«.
Er suggeriert dem Bürger, daß die zufälligen
oder historischen politischen Grenzen eines
Landes auch die Grenzen seiner persönlichen
Heimat seien. (S, 78)

Ich habe meine Heimat dort, wo ich die Aktualität einschätzen kann. Nur zu Hause ist die Aktualität hautnah. Das hat mit Patriotismus nichts zu tun. Aber wer Heimat verliert, verliert auch sein Verhältnis zur Welt. (KK, 330)

Die Heimat verblaßt dann, wenn der Ärger über sie verblaßt – wenn dieser Ärger nicht mehr hautnah ist. (KK, 183)

Der Verlust des Fremden ist auch ein Verlust. Und der eigenartige, gequälte und oft gekünstelte Ärger über die Heimat kommt vielleicht daher, daß man in ihr nicht fremd sein kann, nicht fremd sein darf. (KK, 207)

Der Schnee ist tröstlich, das ist alles, was er ist – und er halte warm, sagt man, wenn man sich in ihn eingrabe. Aber er dringt in die Schuhe, blockiert die Autos, bringt Eisenbahnen zum Entgleisen und macht entlegene Dörfer einsam. (E, 73)

Wo ist das Land, das nicht verlassenswert
wäre? Haben wir vielleicht bereits die ganze
Welt unbewohnbar gemacht?   (KK, 191)

Ich habe nicht die Absicht, umzuziehen. Ich
werde wohl, wenn alles gutgeht, da bleiben,
wo ich bin. Trotzdem quält mich der Gedanke,
umziehen zu müssen. Und ich mache – ohne
umziehen zu wollen – dauernd in meinem Kopf
Planspiele, wie das vor sich zu gehen hätte, und
ich stelle fest, es wäre einfach unmöglich – all
dieses Gerümpel, all diese Umstände, all diese
Schwierigkeiten.   (KK, 387)

Alle sprechen von einer total veränderten Welt,
alle möchten aber nichts anderes, als in der ewig
gleichen weiterleben.   (Cuny, 61)

Wenn man aber neben jemandem geht, der
nicht geht, sondern einen Fuß vor den andern
setzt, was jeder tut, der geht, dann beginnt man
selbst einen Fuß vor den anderen zu setzen, und
es gibt keine Reiseziele mehr, nur noch Gegenwart, die Gegenwart des Fußsetzens – und nur

noch Vergangenheit, die Vergangenheit, den
Fuß gesetzt zu haben. (B, 99)

Ich erinnere mich, wie wir durch New York
wanderten, beide niedergeschlagen nach einem
Besuch des Naturhistorischen Museums mit seinen Skeletten von Dinosauriern – mißlungene,
nicht überlebensfähige Entwürfe eines genialen
Bastlers, der Scherz eines Hofnarrs oder vielleicht doch der Entwurf eines ernsten Clowns:
Das Ende im Anfang geplant. (G, 115)

Ausgerechnet Max Frisch erinnert mich an
Amerika, und ausgerechnet Amerika wird mich
an ihn erinnern. (KK, 416)

»Wie hast du's mit Amerika?« (KK, 56)

Ich mag die höfliche Gewohnheit der Amerikaner, in einem Gespräch dauernd den Namen
des anderen zu wiederholen. (KK, 662)

Aber das ist vielleicht doch viel, jederzeit »bitte«
(please) zu sagen, sich den Namen des andern
zu merken, wenn er einem beiläufig vorgestellt
wird, und den Namen nach Tagen noch zu wissen und über die Straßen »Hello Peter« zu rufen
und den Namen auch auszusprechen bei Fragen
und Antworten.   (KK, 55)

Man begegnet sich in diesem Land nicht. Mir
fehlt die Beiz hier – die Beiz, wo ich jene treffe,
die anders sind als ich, und wo ich alle treffe –
auch jene, die ich nicht mag.   (KK, 443)

Vielleicht hat das irgendwie auch mit Hoffnung
zu tun. Vielleicht erwarten wir wirklich – ohne
es zu wissen – etwas von diesem Amerika. Und
vielleicht ist unser gebrochenes Verhältnis zu
diesem Wort »Amerika« der Ausdruck unserer
Ungeduld oder unserer Enttäuschung.   (KK, 58)

Der Berg des Hüttenwarts und der Berg des
Amerikaners ist in Realität derselbe, in Wirklichkeit ein ganz anderer.   (KK, 208)

Fast mein ganzes Wissen, all das, was eben alle wissen – daß es Wolkenkratzer gibt in New York –, ist mir zugefallen ohne mein Zutun.

(KK, 632)

In Paris war ich noch nie. Trotzdem, ich stelle mir Paris schön vor.

(KK, 626)

Es gibt die Legende, die ich selbst unglücklicherweise in die Welt gesetzt habe, daß ich nie in Paris gewesen sei. Sie sei hier endgültig dementiert. Selbstverständlich war ich da, und das schon vor über hundert Jahren mit Balzac, mit Victor Hugo, mit Heinrich Heine, dann mit Hemingway, mit Henry Miller – später mit Nathalie Sarraute, mit Michel Butor, mit Ennio Flaiano.

(KK, 785)

Kürzlich war ich zum ersten Mal in den Tropen. Und was mich überraschte, war, daß mich alles erinnerte. Ich kannte das bereits alles aus meinen Vorstellungen.

(KK, 125)

Cherubin war eigentlich nie im Ausland, aber er hatte die Welt im Griff.

(C, 80)

Der Philosoph Kant verbrachte sein ganzes
Leben in Königsberg und schrieb über die ganze Welt. Er hatte viel Zeit dafür, und es ist ihm
etwas eingefallen. Er hat seine Reisen im Kopf
gemacht. Und er hatte lange Zeit, »längi Zyt« –
Sehnsucht.   (KK, 480)

Und dazu fällt mir noch eine Geschichte ein,
der Schriftsteller Peter Weiss hat sie erzählt.
Er war mal längere Zeit in Paris und wohnte in
einem kleinen billigen Hotel. Jedesmal, wenn
er an der Rezeption vorbeikam, sagte die Frau,
daß hier auch schon mal ein Schriftsteller
gewohnt habe, sie habe aber den Namen vergessen, ein Amerikaner. Das interessierte den Peter
Weiss nicht besonders. Dann sagte die Frau
eines Tages, daß sie das alte Hotelbuch mit dem
Eintrag des Schriftstellers gefunden habe: Henry Miller. Nun interessierte sich Weiss aber sehr.
Jener Henry Miller, der sein wildes und aus-
schweifendes Leben in Paris beschrieben hatte,
orgiastische Feiern, Saufereien und heiße Lie-
besgeschichten. Und er begann die alte Wirtin
auszufragen. Wie war er denn? Ein Wahnsin-
niger, von morgens früh bis abends besoffen?
Hat er seine Freunde, Hemingway zum Beispiel,

auch hierher mitgebracht? Und die Frau schaute ihn entsetzt an und sagte: »Nein, er war ein stiller Herr. Er saß den ganzen Tag in seinem Zimmer und schrieb, und nur am frühen Morgen machte er einen kleinen Spaziergang, kaufte sich Milch und ein Brötchen und kam zurück.«

(KK, 786)

Ich bin froh, daß es eine ganze Welt gibt. Ich brauche sie als Fluchtmöglichkeit – nicht in Wirklichkeit, aber in meinem Kopf. (KK, 704)

Jeder Flüchtende weiß, daß er – wie und wo auch immer – in die falsche Richtung flüchtet, und nur aus einem doppelten Fehler kann durch Zufall ein richtiges Fluchtziel resultieren.

(EB, 50)

Gino hatte die Augen eines sterbenden Hundes, voll verglimmendem Feuer und hilfloser Sehnsucht, und den Leib einer wendigen Katze. Der Spott saß ihm auf den Schultern. Die innere Flucht fesselte ihn, fesselte ihn an unsere Stadt, die er gerne hinter sich gebracht hätte, ohne sie verlassen zu wollen. (V, 12)

Wenn ich Eisenbahn fahre für nichts, für gar nichts – weder um irgendwo anzukommen noch um die schöne Landschaft vor dem Fenster zu genießen, noch Leute zu treffen, einfach so, nur um zu fahren – dann verspüre ich dieses kleine, eigenartige Gefühl der Flucht – einfach weg, weg aus dem Alltag. Und sie haben zu meinem Vergnügen etwas Spießbürgerliches, meine vielen Fluchten mit der Bahn. Sie finden in Geleisen statt, nicht nur in der Sicherheit des Betriebs, sondern auch in der Sicherheit, daß diese Geleise wieder zurückführen werden zum Ausgang, denn endgültig soll die Flucht ja nicht sein – nur ein kleines bißchen Flucht zur Probe. Und ich treffe Mitflüchtende, die auch nur so fahren: die Bahnclochards, Obdachlose, die sich mit einem Generalabonnement eine billige und gute warme Wohnung mieten. (H, 92)

Die Reise, so scheint mir, ist dabei fast nebensächlich. (KK, 450)

Zwischen zwei Bewässerungskanälchen balancierte ich auf einem kleinen Hügelchen und war bereits stolz darauf, wie elegant mir das gelang, als ich ausglitt und in ganzer Länge in den Wassergraben fiel. Die Bauern ließen ihre Arbeit augenblicklich fallen und lachten los. Sie lachten und tanzten, sie bückten und streckten sich, sie legten sich auf den Boden, klopften sich auf die Bäuche und lachten. Und als ich sie endlich tropfnaß erreichte, lachten sie weiter und zeigten mit den Fingern auf mich: »Mister Tourist, Mister Tourist!« Ich setzte mich und wartete darauf, daß sie wieder ihre Arbeit aufnähmen. Sie aber lachten. Und als ich nach einer halben Stunde weiterging, lachten sie immer noch, und ich fühlte mich richtig gut. (KK, 734)

Vielleicht ist das Meer im Frühling nicht so lächerlich. (E, 45)

Davon, so glaubte ich im Flugzeug, werde ich erzählen können. Als ich in Zürich ankam, waren die Geschichten weg. »Wie war es in Korea?« – »Es war schön.« – »Und die Politik?« – »Ja, schwierig – schrecklich.« Ich stand da und schaute zu, wie mir die Geschichten entfielen. (KK, 284)

Denn inzwischen reisen alle, und alle haben
nichts zu erzählen. (KK, 479)

»Ich liebe New York«, sage ich, und ich verstehe, daß sie mich nicht verstehen. »Ich habe
nichts anderes erfahren als mich selbst«, müßte
ich sagen. (KK, 447)

Der Ärger der Schweizer, die im Ausland andere Schweizer treffen, heißt Eifersucht. Der
Reiz des Fremdseins wird gemindert durch
einen weiteren Fremden, durch einen weiteren
Schweizer. (B, 61)

Aber fremd sein ist auch schön. Es ist die Illusion des Sich-selber-Seins. (KK, 447)

Und hier eine Zwischenbemerkung: Erzählen,
erzählen – irgend etwas erzählen, von Bali
und Ägypten und Afrika und Sonntagsschule.
Erzähl mir doch etwas, erzähl mir doch etwas.
Erzählen ist mitunter ein Ausdruck der Verzweiflung: Wer nicht mehr reden kann, beginnt

zu erzählen. Und das Erzählen wird zum Mittel
gegen die Verzweiflung.   (Ü, 173f.)

Auf jeden Fall erzählen alle dasselbe, und alle
erzählen Dinge, die sie vor der Reise schon
wußten; und das ist doch sehr verdächtig.
                                                           (K, 45f.)

Schließlich macht man auch keine Reise, um
festzustellen, daß die Leute dort gleich sind wie
wir, gleich freundlich, gleich sauber, gleich flei-
ßig. Die Reise lohnt sich schließlich nur, wenn
die anderen anders sind. Daraus entstehen auch
die Vorurteile.   (KK, 177)

»Die Amerikaner«, so heißt eine Armee. »Die
Amerikaner«, so heißt eine kapitalistische Wirt-
schaftsmacht. »Die Amerikaner«, so heißt die
CIA.   (KK, 56)

Ich kriege meine Vorurteile nicht los, sosehr ich
mich auch darum bemühe.   (KK, 358)

Kolonialismus ist kaum mehr eine politische, sondern eine Mentalitätsfrage. (KK, 122)

Es liegt ein bitterer Zynismus darin, daß sich Länder der totalen Armut so schön eignen zur Erholung von satten Europäern. (KK, 289)

Warum nimmt unser Fremdenhaß in dem Maße zu, wie unsere Auslandreisen zunehmen?

(D, 70)

Vielleicht ist es so, daß, wer glaubt, daß ihm die Welt gehört, nicht glaubt, dazugehören zu müssen. (KK, 451)

Ich weiß, warum ich mich immer ein wenig schäme, wenn ich reise. Ich schäme mich vor jenen, die das Land, in das ich reise, in ihrem Herzen tragen: vor meinem Griechen und vor Goethe. (KK, 244)

Weil hier niemand mehr wohnt, gehn wir in Gegenden, wo die Leute noch wohnen. Das trifft für Griechenland genauso zu wie für New York. Denn man kann nicht in der Zivilisation wohnen, sondern nur mit der Zivilisation, und man kann nicht mit Kultur wohnen, sondern nur in Kultur. Wo wohnen wir? (KK, 142)

Das ist es wohl, was Flughäfen als so mißlungen erscheinen läßt. Weil es Orte sind für Menschen, die so tun, als wäre ihnen alles selbstverständlich, die einen Whisky bestellen, wie wenn sie keinen möchten, für die Abflug und Ankunft dasselbe ist, die jeden für einen hoffnungslosen Anfänger halten, der beim Abflug zum Fenster hinausschaut, für Leute, die keine Fragen haben, Orte für Connaisseurs, Orte der blankgeputzten Langeweile. (KK, 128)

Ich setze mich in die zweite Klasse, sie hat ein reicheres Angebot an Klängen und Stimmen. Das Angebot der Reichen in der ersten Klasse ist ärmer. (H, 23)

Ich setze mich oft in die Eisenbahn, um zu arbeiten, um zu lesen oder zu schreiben. Ungeduld ist der Feind von beidem, und die Eisenbahn macht mich geduldig. (H, 135)

Wer nicht warten kann, der langweilt sich beim Eisenbahnfahren. (EB, 21)

Ich fühle mich in Eisenbahnen geborgen, und wohl auch deshalb oder deshalb fällt mir und allen anderen – auch den unwilligen Reisenden – als erstes nach dem Einsteigen Schlaf ein: sich hinsetzen, sich in die Ecke kuscheln und schlafen – schlafen bis Wladiwostok zum Beispiel. Nur müßte man es gleich tun, gleich jetzt, wer nicht gleich schläft, schläft nie. (EB, 51)

Müller schlief im Zug nie. Er fürchtete sich davor, daß ihm im Schlaf der Unterkiefer auf die Brust fallen könnte. Er fürchtete sich überhaupt vor einem sanften Tod. (B, 48)

Das alles machte den Mann sehr traurig, denn er war inzwischen 80 Jahre alt geworden, und er mußte sich beeilen, wenn er noch vor seinem Tod zurück sein wollte. (K, 17)

Ich mag Bahnhöfe, und so zerstückele ich meine langen Reisen in möglichst kurze Etappen. Ich liebe das Umsteigen, dieses leicht süßliche Gift des Verrats: Ich verlasse diesen Zug für immer, ich nehme einen anderen. (TG, Cordes)

Spätestens nach dem fünfundzwanzigsten Umsteigen jedenfalls – ich weiß es zum voraus und es ist zum Verzweifeln – sitze ich in der Transsibirischen Eisenbahn. (TG, Cordes)

Die Angst, daß man in der Transsibirischen Eisenbahn nur Russisch hört, ist unbegründet, und mangelnde Russischkenntnisse sind kein Grund, auf die Reise zu verzichten. Wer aber eben in dieser Bahn fahren möchte, um endlich einmal für ein paar Tage nicht an der sprachlichen Kommunikation teilnehmen zu müssen, der gehe doch wirklich besser in die Alpen oder

in das nordöstliche Hessen, oder er bleibe zu
Hause und spreche weiterhin mit seiner Frau
nicht.   (TG, Freund Siegfried)

Ich sitze im Zug. Eben sind Rekruten einge-
stiegen. Sie sind verflucht laut. Wenn sie doch
nur eine Sprache sprechen würden, die ich nicht
verstehe. Ohne Inhalt würde mir auch ihr Lärm
gefallen.   (H, 26)

Die Fremdsprache – und das ist ihr Wert an
und für sich – befreit mich oder gibt mir zum
mindesten, und das ist schon viel, die Illusion
von Befreiung: ein Stück Emanzipation. (S, 49f.)

Und fremd sein, das kann sehr schön sein und
erholsam. Fremdsein ist nicht immer nur bitter.
                                           (KK, 207)

Endlich so reden, wie die geschrieben haben,
Stifter und Goethe und Mörike, das fiel ihm
auch leichter, es war so, wie wenn man Geschriebenes sprechen würde, wie wenn das, was
man spricht, bereits geschrieben wäre, immer

ein paar Buchstaben vor den Augen. Einmal hörte er, wie Frau Rust zum Rust sagte, mit schwerer Zunge: »Er redet so viel, der Schweizer!« Das hatte ihm fast gefallen, daß er nun, hier im Ausland, einer war, der redet. »Und so langsam«, sagte Rust.   (C, 52 f.)

Und wenn ich mich auch täglich im Schriftdeutschen bewege, wenn ich das auch gern mache, wenn ich mich auch immer wieder über die deutsche Hochsprache freue – heimisch habe ich mich in ihr nie gefühlt, und am fremdesten ist sie mir geblieben in den ganz kleinen Dingen des Alltags.   (H, 21)

Wer in der Schweiz schreibt, hat darauf zu achten, in Deutschland verstanden zu werden – dies nicht nur sprachlich, sondern auch gedanklich.   (G, 70)

Denn unser Sicherheitsbedürfnis ist die Norm.
                    (Ü, 203)

Die Schweiz ist ein reiches Land. Hier arm zu sein, ist eine persönliche Schande.   (S, 102)

Unser Vorwurf gegenüber dem Hoffnungslosen ist, daß er die Hoffnung aufgegeben hat.

(KK, 151)

Haben Sie Ihren Lottozettel schon abgegeben?
Werden Sie am Samstag vielleicht schon ein
Millionär sein? Ist es nicht so, daß dieser Lottozettel Ihre einzige Hoffnung ist? Wenn Sie jetzt
dreißig sind, dann wird das vierzig Jahre lang
Ihre Hoffnung sein. Sie werden vierzig Jahre
lang fast ein Reicher gewesen sein.   (KK, 209)

Ein Reicher hat keine Möglichkeit mehr, seine
Feinde zu lieben, weil er nur noch einen einzigen Besitz hat in seinem Leben, seinen Reichtum. So sind jene, die unseren Schutz suchten,
zu unseren Feinden geworden – ein paar hundert Schutzsuchende, und schon fühlen wir uns
bedroht.   (Ü, 22)

Die Neutralität ist unser Abwesenheitsbeweis.

(KK, 318)

Und die Gerechtigkeit der Anständigen hat
auch einen Namen: Sie heißt Selbstgerechtigkeit.   (KK, 482)

Diese Selbstgerechtigkeit macht die Schweiz
unveränderbar (...). (D, 25)

Anständigkeit an und für sich, Anständigkeit
ohne jeden Inhalt. (KK, 100)

Was wäre, wenn die Schweiz wirklich ein
humanitäres, ein solidarisches Land wäre –
wenn die Schweiz wirklich ein friedliches Land
wäre, das sich nicht an fremden Kriegen berei-
chert – bitte, nur die Frage, vorerst einmal nur
die Frage. (G, 117)

Die Schweiz ist die Schweiz und damit basta –
die Deutschen machen uns dieses Selbstver-
ständnis immer wieder zu leicht. (G, 117)

Die Schweiz lebt in einer Zeit, die es nicht mehr
gibt. Das ist ihr Problem. (KK, 555)

Wir haben im Augenblick in der Schweiz wieder darunter zu leiden, daß ein Ausland moderner ist als wir: Ich meine die europäische Integration. Ich bin absolut sicher, daß wir sie nie aus eigener Kraft schaffen. (G, 59)

Interessiert Sie das überhaupt? Nein, es interessiert Sie nicht, und zwar mit Recht.
(TG, Mechthild)

Der Nachteil einer europäischen Integration der Schweiz läßt sich in einem einzigen Satz zusammenfassen: Die Schweiz wird nicht mehr so sein, wie sie war. Wie war sie denn? War sie grün? War sie sozial? Nein, aber sie war von uns allen herzlich geliebt, weil sie so bequem war und gleichzeitig ohne Folgen zu engagiertem Ärger Anlaß gab. Wir werden eine große Hoffnung verlieren – die Hoffnung, aus dieser Schweiz doch noch etwas zu machen, ihr demokratisches Versprechen doch noch einzulösen.
(T, 79)

Ich warne vor der Utopie Schweiz. (KK, 320)

Der Vorwurf an mich aber, daß ich selbst keine Vorschläge habe, nicht einmal Ansätze zeige zu einem neuen Denken, dieser Vorwurf ist berechtigt. Aber ich spreche nicht als Wissender, sondern als Verzweifelter.   (S, 155)

Wir haben Europa verpaßt, eine neue Welt bedroht uns – nicht etwa militärisch, sondern politisch –, und wir können nur Gesamtverteidigung.   (KK, 393)

Oft scheint mir, die Bedrohung ist des Schweizers liebstes Kind, und ich denke, wir brauchen sie dringend, um trotz unseres Reichtums noch klagen zu dürfen, trotzdem noch bedauernswert und menschlich zu sein.   (KK, 246)

Kein Schweizer denkt an Demokratie, wenn er an die Schweiz denkt; er denkt nur an Prosperität. Die Demokratie gehört zu seinem Bild der Schweiz schon längst nicht mehr – die ist nur noch da.   (D, 100)

Wäre die Schweiz ein gerechteres Land, es müßte ein ärmeres sein, und wäre die Schweiz ein solidarisches Land, es müßte von seinem Reichtum abgeben: soll ich das meinen Mitschweizern sagen, werden sie das verstehen, meine Mitbürger? Nein, sie werden es nicht verstehen. (KK, 317)

Christ sein ist viel schwerer als Schweizer zu sein. Und vielleicht ist es in diesem Land fast unmöglich, in diesem Land, das von sich glaubt, immer und an allem unschuldig zu sein. Unschuldig wie der Pharisäer gegenüber dem Zöllner. (Ü, 21 f.)

Es gibt nichts Besseres als diese Schweiz! Und das in der Vorstellung einer zweigeteilten Welt. Es steht auch so in unseren Zeitungen: Inland und Ausland. Die Hälfte der Welt ist Inland. Und die andere Hälfte ist Ausland. (work)

Wir hoffen doch alle, daß alles beim alten bleibt (...). (KK, 361)

Er hatte nun eine Aufenthaltsbewilligung und
ging zum Zahnarzt.   (J, 48)

Gino war ein Heimatloser und das vor allem in
sich. Er kannte keinen Besitz. Selbst zu seinen
Werkzeugen und zu seinen Bildern war er be-
ziehungslos, sosehr seine Bilder auch er selbst
waren. Sie retteten ihn nicht. Sollten Bilder
Rettungen sein?   (V, 10)

»Er ist doch Solothurner«, es wird still, zwar
nur für Sekunden, aber das fällt hier, wo es
selten still ist, auf. Irgendwie hat das alle überrascht, alle hier sind »Solothurner«, aber eine
Nationalität ist das schon lange nicht mehr.
                                                 (KK, 704)

Unter Freunden

Jodok ist derselben Meinung.   (K, 68)

Die Aktualität ist die Krankheit unserer Zeit.

(G, 104)

Wer macht sie, diese Aktualitäten? Etwa die
Presse, die Medien? Ist es einfach so, daß die
Chefredaktoren Aktualität erfinden?   (KK, 309)

Wer Information verhindert, davon bin ich
überzeugt, kann unter Umständen Menschenle-
ben gefährden.   (KK, 40)

Geheimhaltung ist zwar nicht immer Betrug –
aber sie hat fast immer Betrug zur Folge. Man
betrügt uns um unseren Realitätsbezug.

(KK, 412)

Seit es keine Halbwahrheiten mehr gibt, sind
die Leute nicht mehr frei. Die Freiheit des Wor-
tes gilt jetzt überall nur noch für die Wahrheit.

(B, 116)

Es geht nur darum, die Dinge zu sagen, damit
sie gesagt sind. (B/A, 29)

Man kann etwas auch damit verhindern, daß
man Anforderungen stellt, die unerfüllbar sind.
(S, 66)

Habe ich die Freiheit wirklich, Informationen
frei zu wählen? Habe ich die Freiheit, zu
entscheiden, was mich wirklich interessiert und
was nicht? (KK, 134)

Die Wahrheit und nichts als die Wahrheit! Was
für eine gräßliche Forderung! Sie verhindert
von Anfang an ein menschliches Gespräch.
(KK, 164)

Schweigen ist selten der Ausdruck der Zufrie-
denheit. (L, 46)

In einer Welt des Schweigens bleiben die Sätze
stehen. (C, 52)

Sie habe einen Vater gehabt, er lebe noch, der liebenswert gewesen sei. (Z, 51)

Früher, ganz früher, hatte sie noch auf solche Sätze reagiert, denn solche Sätze, dachte sie, kann man doch nicht einfach so vor sich hin sagen, die sind doch an jemanden gerichtet, dachte sie. (C, 65)

Ihre Frisur hat diese burschikose Zufälligkeit, pflegeleicht und achtlos hingeworfen, aber doch geschnitten von einem teuren italienischen Friseur. (Z, 33)

Er richtete sich auf hinter seinem Bier, hinter dem er lange saß, und sagte: »Nathalie, so hat eine Frau geheißen, die ich liebte.« (Z, 85)

Gespräche mit Gino waren anregend, sie regten an. Er konnte nicht Deutsch, ich nicht Italienisch. Wir führten karge Gespräche, und wir machten uns verständlich, ohne dem andern zu nahe zu treten. Wir sprachen nicht, aber wir regten uns zu Gesprächen an. Ich fühlte mich von ihm verstanden, und ich wäre glücklich, wenn er von mir dasselbe sagen könnte. Aber er ließ sich nicht verstehen. Das war für ihn schwer und für mich gut. Viele Leute wollen nichts als verstanden werden. Sie machen es sich leicht und den andern schwer.   (V, 9)

Mit wem soll ich jetzt schweigen?   (KK, 243)

Ich habe keine Zeit, ihn zu suchen. Es gibt ihn nicht. Ich will ihn nicht erfinden. Es gibt ihn nicht, aber er ist da.   (J, 66)

Das Langsame ist sowenig zu sehen wie das Schnelle.   (C, 13)

Morgens um sieben im Restaurant beim Kaffee haben die Gewerbler eine Neigung zur Philosophie. Ich weiß nicht weshalb.   (KK, 88)

Unsere bürgerliche Gesellschaft hat aber noch
eine andere Alternative anzubieten, eine Aller-
weltsalternative: sie heißt Kunst. Sie heißt
Musik, Malerei, Literatur, Theater. Da kann
man etwas werden, wenn man etwas werden
will.   (KK, 155)

Wenn einem nichts mehr einfällt, fällt einem
Ästhetik ein.   (KK, 457)

Ich spüre Unmut in mir aufsteigen. Er beleidigt
mich mit seiner verdammten Kunst. Er will
etwas fotografieren, das man nicht fotografieren
kann: er will Erzählen fotografieren – was für
eine Gemeinheit.   (KK, 281)

Man bezeichnet diese sogenannte Kunst auch
als Kultur. Das ist ein Irrtum – Kunst hat mit
Kultur fast nichts zu tun. Sie ist nichts anderes
als der Ersatz für verlorene Kultur.   (KK, 155)

Ich mag den Anstreicher, weil er den Maler nicht beschimpft hat, weil er seine Bilder nicht Schmierereien genannt hat, weil er nicht gesagt hat: »Sie würden besser einmal ihr Atelier streichen als diesen Blödsinn auf die Leinwände schmieren«, weil er nicht gesagt hat: »Sie können das wohl nicht.«   (Z, 26)

Ich kann nicht immer nur nicht dazugehören, und würden sie in der Beiz von Goethes »Wahlverwandtschaften« sprechen, mir wäre das unangenehm.   (KK, 275)

Noch gibt es in einer Schweizer Beiz den Stammtisch mit einem geschmiedeten Aschenbecher mit entsprechender Inschrift. Das ist der Tisch der Stammgäste. Sie haben hier besondere Rechte, sie sind hier irgendwie zu Hause und kämpfen wie feindliche Brüder um die Gunst der Wirtin und der Kellnerin: der Biertisch.   (T, 93)

Die Leute hier reagieren wie Unterdrückte. Irgend jemand hat ihnen einmal gesagt, sie hätten keine Kultur, und sie haben es geglaubt und haben ihren kulturellen Minderwertigkeitskomplex. (KK, 122)

Wo aber Kultur und Alltag nicht beieinander
sind, da gibt es keine Kultur. (KK, 142)

Politik ist nicht für Kultur zuständig, sondern
für Zivilisation. (T, 99)

Die Politik ist so für den Boden verantwortlich,
auf dem die Kulturen und die Kultur wachsen –
und nicht für die Erntefeiern. (T, 99)

Alexander sagt kaum etwas, aber er kann reden,
er kennt den Tonfall des miteinander Redens.
Und ich habe ihn verstanden, er, der Alexander,
möchte nicht in die EU. Wir werden ihn wohl
hier lassen müssen. Und eigentlich möchte er
mir nur mitteilen, daß er meine Meinung mitbekommen hat und daß ich mit meiner Meinung
trotzdem noch dazugehöre: Er distanziert sich
und bietet gleichzeitig Freundschaft an. Bis jetzt
ist mir in dieser Frage von Andersdenkenden
nur Feindschaft angeboten worden. (KK, 761)

Es gibt so Freundschaften, die ausschließlich durch gemeinsame Feinde, gemeinsame Feindbilder entstehen. Das sind immer schlechte Freundschaften, aber hie und da sind sie nicht zu verhindern. (KK, 283)

»Wer ist Höllerer? Und wie ist er?« fragte ich ihn. Und er begann über das ganze Gesicht zu strahlen und sagte langsam und bedeutungsvoll: »Ja, ja, der Höllerer«, und so wußte ich nun, wer Höllerer ist. (TG, Mechthild)

Vor nichts fürchte ich mich so sehr wie vor dem Verstandenwerden, nichts schränkt einen so ein in der Freiheit. So habe ich denn auch immer wieder bei einem Polizisten als Unverstandener weit größere Chancen, als wenn ich von ihm verstanden würde, und ein Freund ist nicht einer, der mich versteht, sondern einer, der das Nichtverstehen akzeptiert, den Kopf schüttelt und lächelt. (EB, 49 f.)

Vielleicht hätte er ihr davon erzählen sollen, aber sie hätte ihn zu schnell verstanden, und sie hätte gesagt, sie wisse, daß er Musik gern habe.

(E, 25)

Viel schlimmer war, sie konnten ihn nicht mehr
verstehen. Und deshalb sagte er nichts mehr. Er
schwieg, sprach nur noch mit sich selbst, grüßte
nicht einmal mehr.   (K, 29f.)

Nur die sogenannten »Normalen« haben sich
inzwischen geändert. Sie nämlich leben nicht
mehr zusammen. Und weil sie nicht mehr
zusammenleben, haben sie auch keinen Platz
mehr für Originale. Aus den »Außergewöhnlichen« sind Ausgestoßene geworden.   (KK, 325)

Fremd sein, ein Fremder sein, das heißt auch
außerhalb der Aktualität leben.   (KK, 329)

Nein, ich bin kein Zeitgenosse. Aber sollte ich
achtzig werden, ich bin überzeugt – auch ich
werde dann behaupten, ein Zeitgenosse gewesen zu sein. Leider werden es mir dann einige
glauben.   (KK, 470)

Ich mag diese schönen runden Geburtstage.
                                         (KK, 326)

Die neue Partygesellschaft braucht keine
Öffentlichkeit mehr.   (H, 45)

Ein Betrunkener hebt seinen Kopf, schaut mich
an, sagt, ich erzähle dir alles, und schweigt.
                                               (J, 41)

Ich möchte nicht nur ein Gast sein, ich möchte
hier in der Beiz auch auf Besuch sein.   (H, 52)

Und wenn ich in einer Kneipe sitze, halten mich
die Leute auch für beobachtend. Das hat immerhin den Vorteil, daß sie mich – was ich in
Wirklichkeit bin – nicht für trinkend halten,
aber ärgerlich ist es trotzdem: Ich beobachte
nicht, ich betrachte nur. Ich setze mich in der
Kneipe gefangen, lege meine Hände auf den
Tisch wie damals auf das Geländer des Lauf-
gitters und betrachte die Welt. Es ist mir recht,
wenn die anderen in der Beiz eine fremde
Sprache sprechen, der Inhalt ihres Gesprächs
verdirbt mir dann nicht die Freude an ihren
Stimmen – nur hören und schauen.   (H, 25)

Er sieht aus, wie wenn er eine Geschichte hätte – bei seiner ganzen Würde fällt auf, daß die
Bügel seiner Brille aus Elektrikerdraht sind,
und das tut seiner Würde keinen Abbruch –, ich
wage nicht, ihn anzusprechen, aber wie ich nach
Hause gehe, erfinde ich mir seine Geschichte,
ich weiß, daß sie nicht wahr ist, aber lassen Sie
mir das: Das war der Entdecker des Penicillins.

(KK, 53 f.)

Das Ende der gemeinsamen Geschichten wäre
nichts anderes als das Ende des Erzählens. Und
wir leben in einer Welt, einer Medienwelt zum
Beispiel, die uns vorgaukelt, nur die Neuigkeit
sei erzählenswert. (Wie, 300)

Unser Mangel an Geschichten fördert das
Herstellen von künstlichen Ereignissen. Die
Massenmedien zum Beispiel sind ein geschich-
tenhungriger Moloch; nach und nach hat er die
ganze Welt ausgelaugt. (KK, 270)

Journalisten sind gewohnt, Schuldige zu finden
und Schuld zu verteilen. Nur Schuldige und
Schuld machen Geschichten in der Zeitung
erzählenswert. (KK, 274)

Gerecht ist das nicht, aber offensichtlich rechtens. (KK, 219)

Die Presse stört. Sie stört den natürlichen Lauf der Geschichte und sie stört jene, die im Lauf dieser Geschichte laufen. Es ist ihre Aufgabe, zu stören, und mit dieser Aufgabe hat sich die Gesellschaft abzufinden. (S, 67)

Aber weshalb denn braucht die Zeitungsmeldung einen Namen? Ganz einfach: Damit aus der Meldung eine Geschichte wird, also aus der Realität Fiktion. Die Fiktion wirkt stärker – Boulevard-Journalismus ist eine Art Literatur. (KK, 773)

Am Stammtisch sind die alten Männer Tag für Tag damit beschäftigt, Namen zurückzuholen, Namen von Pilzen, Namen von Blumen, Namen von Vögeln und all die Namen von ehemaligen Kneipen – und alle beklagen sich über ihr schlechtes Namensgedächtnis. Aber hätten sie ein gutes, es würde sich nicht lohnen, nach Namen zu suchen. Sie kommen von weit her, die Namen – und wenn sie endlich da sind, werden sie freudig begrüßt. (H, 88 f.)

Mehr und mehr fällt mir aber auf, daß die Leute
das Plaudern verlernen, daß bei privaten Zu-
sammenkünften, auf Vernissagen und Parties
nicht mehr geplaudert wird, sondern diskutiert.

(KK, 251)

Ich habe nur Sätze verstanden, nicht die Menschen. Sprache ist vielleicht doch mehr als nur
die Wörter und Sätze. Wer nur die Sätze hört,
der hört nicht zu. (KK, 354)

Es scheint, daß die Sprache immer mehr will
als wir, daß sie zu allem, was wir wissen, noch
etwas Zusätzliches weiß. (Die Geschichte, 19)

Sexualität ist ein menschliches Bedürfnis, Sex
ein Klischee. (S, 131)

Wenn Sprache bewußt eingesetzt ist, ist sie
immer eine Provokation. (Zeit, 147)

Zuerst gab es das Wort Nil, und dann wurde
ein Fluß daraus. Was anderes hätte daraus werden können? Nur ein Fluß! (Ü, 179)

»Jetzt ändert es sich«, rief er, und sagte von
nun an dem Bett »Bild«.   (K, 25)

Er sagte, er halte es nicht aus, und dann ging er
und ich begann ihn zu suchen. Ich blieb in meinem Zimmer und ging in Gedanken durch die
Stadt, setzte ihn in ein Café, in eine Wirtschaft,
an einen großen Zeichentisch, den Bauzeichner
Kieninger.   (J, 60)

Sprache kann nie wiedergeben, was eigentlich
ist, sie kann Realität nur beschreiben.   (L, 13)

Die Geschichten, die eigentlich keine sind, das
sind die eigentlichen Geschichten der Schehe-
rezade – erzählen, damit erzählt wird.   (KK, 562)

Es ist nämlich ein hartnäckiges Gerücht, daß
sich der Schreiber durch das Schreiben befreit,
daß er sich zum Beispiel seine Sorgen vom
Leib schreibt. Eher trifft das Gegenteil zu: er
schreibt sich die Sorgen auf den Leib, denn der
Vorgang des Schreibens ist nicht ein Vorgang

von innen nach außen, es ist ein Vorgang von
außen nach innen.   (L, 70)

Im Grunde genommen sind es Occasionen, die
ich schreibe: Alle Sätze, die ich schreibe, sind
schon gebraucht.   (Was wäre, 242)

Zurück zur Kneipe. In der Kneipe leben die
Scheiternden und die Gescheiterten. Scheitern
ist ein Denkvorgang, eine zu große Distanz
zum Beispiel zwischen Ich und Überich. Die
Stimmung ist literarisch: der Trinker hat etwas
Romantisches.   (L, 47)

Cherubin haßte jede Form von ritualisiertem
Trinken. Trinken war Präsenz, Anwesenheit,
Leben. War Arbeit.   (C, 31)

Heute rauche ich so schnell, daß ich nicht mit-
bekomme, wie es schmeckt.   (KK, 621)

Ich mag Rauchverbote. Sie machen das Rauchen wieder so schön verboten wie damals in der Schule hinter dem Schulhaus. (H, 45)

Vielleicht geht jetzt auch das Rauchen weg – und dann auch der Rotwein. Vielleicht erwache ich eines Tages wie Othmar Götschi und bin nicht mehr süchtig. Davor fürchte ich mich.

(KK, 621)

Raucher sind gelangweiltere Menschen und Langeweile gewohnt, man ziehe deshalb Raucherabteile vor, und wenn kein leeres Abteil mehr zu finden ist, dann wähle man sich mit Vorteil einen Reisegefährten oder eine Gefährtin zum Anschauen und nicht zum Sprechen. Jedes Sprechen verfälscht das Erlebnis der Reiselänge. (B, 42)

Prost Onkel Ferdinand! Ich wünsche dir ein langes Leben! Dein Stumpen wird weniger Krebs erzeugen als all die abgegebenen Lottozettel. (KK, 210)

Letzten Montag um 16.30 Uhr habe ich das Rauchen aufgegeben. Übrigens zum ersten Mal in meinem Leben und nur aus Trotz, weil die anderen am Tisch kein anderes Thema hatten als ihre Nichtraucherei, und ich wollte das Thema trotzig beenden. (KK, 395)

»Mach keine Geschichten«, sagte meine Mutter.
(L, 60)

Eine kleine Zwischengeschichte: Letzte Woche hörte ich in einer Mainzer Kneipe dem Gespräch von ein paar Trinkern zu. Einer sagte, daß er zu Hause den ganzen Karl May stehen habe, alle Bände, »weißt du, diese grünen, schönen«, und er sagte das, wie solches eben in der Kneipe gesagt wird, so im Tonfall »ich habe, und du hast keine Ahnung«. Der andere war dem hilflos ausgeliefert, und nun begann er die ersten Zeilen des Erlkönigs zu zitieren, und er freute sich ungemein, daß er sie noch konnte. »Von Goethe«, sagte er. Und der andere, der mit dem Karl May, sagte nun: »Nein, der Erlkönig ist nicht von Goethe – der ist von Storm oder von Fontane.« Unwichtig, wer recht hatte – ich

staunte darüber, was für Namen hier fielen, was
für Namen in diesem Kopf drin waren. Hier
zwar nur gebraucht zur Aufschneiderei, aber
immerhin – und wer weiß, vielleicht wird er
demnächst zum Snob und beginnt zu lesen.

(T, 107)

Er hatte eine Neigung zur Intelligenz, und er
war auch stolz darauf, daß er ein ganz dickes
Buch besaß – »Exodus« – und es auch gelesen
hatte. (KK, 314)

Wir sind Kneipengänger, wir reden nicht viel,
wenn wir hier sind; wir haben es gemütlich,
aber wenn wir reden, dann redet er – langsam
und leise, aber apodiktisch –, und er erklärt mir
die Welt. Keiner weiß so viel wie Hugo, kaum
einer ist so belesen wie er. Ich lerne heute noch
viel, wenn ich mit ihm zusammensitze, und wir
üben uns ein, mit seinem ganzen Wissen, in die
Resignation. (H, 74)

Gesprächsstoff braucht man dann, wenn man
nicht von sich selbst sprechen will oder kann.

(L, 24)

Und deshalb haben Könige Hofnarren. Die
dürfen tun, was sie wollen, und sagen, was sie
wollen, um den König zum Lachen zu bringen,
und wenn er über sie nicht mehr lachen kann,
bringt er sie um oder so.   (K, 34)

Zwei Wochen später bringt er das Buch zurück.
Er hat es gelesen, und das erschüttert mich.
Mir scheint, er hat es mir zuliebe gelesen, nicht
einfach nur, um mich zu beeindrucken, sondern
um mir eine Freude zu machen. Er weiß, daß
ich Bücher mag, und vielleicht ahnt er auch,
daß Lesen eine Form von Solidarität ist. Dann
erzählt er von dem Buch. Er erzählt so, als
würde ich es nicht kennen – denn Erzählen ist
nicht einfach Mitteilung, sondern Begeisterung.
Es hat ihm gefallen, und er freut sich mit mir
zusammen darüber. Und dann fällt ein Satz, der
mir als Leser bekannt ist. Der junge Mann sagt
über den Autor: »Und wie gescheit die Leute
damals schon waren!«   (KK, 204)

Es gibt nur noch Wahrheit in Fragmenten.
Wir haben Angst vor dem Gültigen, vor dem
Endgültigen. Wir wagen nicht, die Fragmente

zusammenzufügen, die Rechnung zu Ende zu
führen. (V, 9)

Es beginnt wieder in der Kneipe – und ich
weiß, das ist etwas billig. Ich habe das kurz zu
begründen, vielleicht trägt es etwas zum Thema
bei. Ich gehöre keineswegs zu den Leuten, die
glauben, daß man in der Kneipe das ›gewöhnliche‹ Volk, sozusagen den Durchschnitt der
schweigenden Mehrheit antrifft. (L, 45)

Der Durchschnitt sitzt zu Hause und ist nirgends anzutreffen. (L, 45)

Wer anders ist, der ist noch lange kein Voll-
idiot. (KK, 294 f.)

Nicht etwa die demokratische »Durchschnitt-
lichkeit« gefährdet die politische Arbeit und
Innovation, sondern der Umstand, daß sich die
Politiker auf die Umständlichkeit der Demokratie verlassen. (D, 97 f.)

Weil ich an euch dachte und daran, wie genüßlerisch ihr in euren Ghettoreden das Wort »Volk« ausprecht. (KK, 32)

So weit, so gut – nur befinde ich mich jetzt in einer Ecke, in die ich nicht gern gehöre: in der Ecke jener, die mit strahlenden Augen verkünden »Wir haben kein Fernsehen«. Ich erschrecke immer, wenn ich das höre. Es klingt nach Moral, und es riecht wie Sauberkeit und Kernseife, es duftet nach Atmen in der freien Natur. (KK, 275)

Mir aber steht der Fernseher zu Hause irgendwie im Weg. Es gelingt mir, ihn tagelang zu vergessen. Aber ich mag Fernsehen in der Beiz. Sie sind selten geworden, die Beizen mit Fernsehen. (H, 28)

Einer sagt mir begeistert, er habe mich gestern am Fernsehen gesehen. Ich weiß von nichts, es muß irgendeine Wiederholung gewesen sein, und ich möchte gern wissen, was es denn war, was ich denn gesagt habe. Er weiß es nicht,

nicht ein einziges Wort. Aber er ist begeistert, er hat mich, seinen Trinkkumpanen, am Fernsehen gesehen, wirklich gesehen. (Ü, 185)

»Helfen Sie mir doch, ich habe das Fernsehen erfunden, und niemand will es glauben – alle lachen mich aus.« (K, 53 f.)

Die erste Fernsehsendung habe ich um 1950 herum im Restaurant des Sälischlösslis in Olten gesehen. Ein Radiohändler hatte dort einen Fernseher platziert, weil man nur so weit oben* etwas empfangen konnte. Ich erinnere mich nicht mehr an das Programm, nur noch das Pausenbild, ein Aquarium mit Fischen. (H, 29)

Manchmal zweifle ich daran, daß das Ereignis wirklich stattfindet oder ob nur noch die Meldung – nur noch das Fernsehen – stattfindet.

(KK, 439)

---

* Das Sälischlössli liegt erhöht auf dem Säliberg oberhalb von Olten.

Wie sollen die Leute lernen, echt und hart zu kritisieren, wenn sie vom Fernsehen nur sogenannte Objektivität vorgesetzt bekommen?

(KK, 24)

Der Blödsinn, mit dem sich die Leute beschäftigen, soll auch mein Blödsinn sein. (KK, 275)

Am Stammtisch sagt einer immer wieder: »Der hat es ihnen aber gesagt.« Es geht um eine Politschau am Fernsehen, und wie ich frage, was er ihnen denn gesagt habe, sagt er: »Laut und deutlich hat er es ihnen gesagt.« Ich insistiere und will wissen, was es war. Er wird böse, denn darum gehe es nun nicht, er habe es ihnen eben gesagt. Er hat gesehen, wie es jener denen gesagt hat – er war dabei und hat es gesehen. Nur gesehen, aber weil er es gesehen hat, hält er es für wahr, und selbstverständlich gibt es auch einen Ton am Fernsehen, aber der Ton ist auch nur ein Teil des Bildes, auch den Ton hat er sozusagen nur gesehen. Da haben Argumente kaum mehr etwas suchen, die Diskussion wird zur Show, und Show ist etwas Visuelles. Das sieht man. Man sieht, daß er recht hat, man sieht, daß er gescheit ist, und man sieht, daß alle anderen dumm sind und im Unrecht. (Ü, 184)

Er habe seine eigene Meinung über Korea, sagt jemand, er gebe nichts auf Zeitungen, Radio und Fernsehen. Er könne sich seine Meinung schon selbst bilden. (KK, 335)

Gestern habe ich einen guten alten Freund getroffen, den ich schon jahrelang nicht mehr gesehen habe. Wir haben uns beide gefreut. Aber wir hatten uns nichts zu erzählen. Wer sich so lange nichts erzählt hat, kann nicht einfach so mit Erzählen beginnen. Wir haben uns auseinandergeschwiegen. (KK, 563)

Freunde haben wir zwar, und befreundet sind wir auch. Aber »mein Freund«, das hat fast etwas Kindisches. (KK, 712)

Annemarie ist auch nichts weiter als ein schöner Name. (J, 56)

Irgendwie und irgendwo muß er durchgekommen sein auf seinem Fußmarsch von Stalingrad nach Neapel. Und es muß Gründe

gehabt haben, daß es Stalingrad war, und die
Gründe hätte man zu nennen. Nur etwas wäre
nicht beschreibbar, das Schweigen, das hinter
seinem Satz steht, hinter seinem Satz, der noch
einfacher ist als meiner: »Ich war in Stalingrad.«
Es ist nicht Schweigen vor dem Grauen der
Geschichte. Würde sein Satz heißen: »Ich war in
Interlaken«, er wäre von demselben Schweigen
begleitet.   (KK, 145 f.)

Der polternde Politiker ist ein Meister im Ver-
führen zur Feindschaft. Er ist im Bild. Das
genügt jenen, die er verführt. Wer irgendwo im
Bild erscheint, ist prominent. Und weil man ihn
gesehen hat, den geliebten Politiker – jetzt und
live gesehen hat, ist er die Realität, und man hält
die Realität für die Wahrheit. Und die Anderen
am Fernsehen, seine politischen Gegner, die
reden ja nur, die wissen nichts anderes als zu
reden, sie sind nicht im Bild – und wenn schon,
dann: »Schaut euch die mal an!«   (Ü, 187)

Hören, zuhören hat etwas Friedliches. Schauen
kann aggressiv sein, im Volksmund zum Beispiel: »Schaut euch diese Kerle an, schaut euch

diese Drögeler, diese Alkis, diese Jugos an.« Würde es heißen: »Hört diesen Drögelern zu, hört diesen Alkis zu, diesen Jugos zu«, dann wäre das sozusagen das Gegenteil.   (Ü, 186)

Ich stelle immer wieder das Gegenteil fest.
(KK, 258 f.)

Wir nehmen inzwischen das Abbild für das Leben. Zwar wird Fernsehen immer noch künstlich, sehr künstlich, hergestellt, aber die Macher machen inzwischen nicht mehr Abbilder, sondern das Leben selbst, im Fernsehen nun endlich geschieht die Wirklichkeit. (KK, 528)

Bilder gab es schon immer, aber das Bildzeitalter ist letztlich doch mehr als nur eine Bilderflut. Es ist ein grundsätzlich anderes Denken.
(Ü, 186)

Das Fernsehen ist eine kunstlose Form, weil es die Künstlichkeit als Prinzip aufgegeben hat.
(KK, 527)

Plastikmeldungen über eine Plastikwelt?
(KK, 440)

Wer die Wahrheit unterdrückt, wird nie die
volle Wahrheit zu hören bekommen.   (Rede,12)

Ob das Fernsehen die Zeit mitgeformt hat oder
nur ein Abbild der Zeit ist, das bleibe dahin-
gestellt – aber wenn ein Abbild, dann ein brutal
exaktes – und nicht etwa ein Abbild der Realität, sondern ein Abbild des Zeitgeistes.
                                    (G, 104)

Sind wir Zeitgenossen? Erleben wir mit, was in
dieser Zeit geschieht?   (KK, 469)

Heute, an einem 30. Januar, wissen wir noch
nicht, was wir in einem Jahr nicht mehr wissen
werden.   (KK, 307)

Das Zauberwort heißt »live«. Alles geschieht
jetzt, gerade jetzt. Alles ist eins zu eins. Das
Fernsehen ist inzwischen die Welt selbst, und
das, was wir früher als Welt bezeichneten,
ist nur noch der Drehort. Das ist keineswegs
amoralisch. Aber es ist ohne Moral. Das Jetzt
kennt keine Moral. Und das Jetzt besetzt mehr

und mehr unsere Köpfe – auch meinen. Die
Geschichten und die Geschichte sind weg.

(G, 104)

Aktualität ist nicht das, was stattfindet, sondern
das, worüber man reden kann.   (KK, 439)

Beim Untergang der Titanic hat die Bordkapelle
»Näher mein Gott zu Dir« gespielt, wird oder
wurde erzählt – oder besser: Wir wissen es.
Wir wissen zwar nicht, von wem wir das wissen,
eben eigentlich von allen, weil alle es wissen.
Das braucht gar nicht erzählt zu werden, das ist
einfach so, und wir wissen es.   (Wie, 297)

Der Untergang der Titanic liegt uns immer
noch näher, wohl nur deshalb, weil er erzählt
wurde.   (KK, 264)

Aktuell ist das, was unsere dauernde Langeweile
unterbricht. Oder anders: seit wir uns nicht
mehr gemütlich langweilen können, sind wir
empfänglich geworden für Scheinaktualitäten.

Die Frage ist nur, ob die wirkliche Aktualität –
ein bißchen Tschernobyl zum Beispiel – unsere
Langeweile noch zu unterbrechen vermag.

(KK, 309)

Leiden tun nur noch die, die in der Zeitung
sind. Den Lesern bleibt nur noch das Mitleiden,
das Mitfreuen. Das ist wesentlich mehr als Ent-
mündigung, das ist Enteignung. Aber bitte, es
ist wahr, es ist recherchiert. (KK, 455)

Es gibt Leute, die glauben, ich fände meine
Geschichten in Kneipen. Das stimmt nicht.
Aber ab und zu finde ich da einen Leser, einen
Zuhörer. Egon ist als Leser ein guter Zuhörer.

(KK, 670)

Ich mag die Stammtische nicht mehr. Die Gespräche an ihnen werden mir zur Qual. Nicht
etwa, daß dies vor Jahren noch Gespräche von
hoher Qualität gewesen wären, nein, ganz und
gar nicht. Am Stammtisch wurde laut gesprochen, am Stammtisch saßen jene, die sprechen
wollten, also sprachen alle, und niemand hörte
zu. Am Stammtisch wußten alle alles besser
und jeder etwas anderes. Lange hielt ich es da

selten aus, aber ein bißchen schon. Das Erzählen war wichtiger als der Inhalt, und man
erzählte halt irgend etwas und alles durchein-
ander. (KK, 301)

Ja, das Beizensterben, ein Dauerthema der
alten Männer am runden Tisch, und dann werden all die schönen, kleinen, gemütlichen Wirt-
schaften, die es nicht mehr gibt, aufgezählt, und
selbstverständlich haben alle einen Wirt, eine
Wirtin: die Lisbeth von der »Blume« und das
Mutti Lavagini, und man erzählt sich, wie sie
schimpfen konnte mit den Gästen, wie sie ihnen
Anstand beibrachte, wie sie gar unfreundlich
sein konnte – und wie man sie liebte und verehrte, die Königin in ihrem Reich. Vielleicht
gibt es gar kein Beizensterben, vielleicht sterben
nur die Königinnen aus. (H, 52 f.)

Und jene, die sagen: »Schluß mit dem Gerede«,
das waren immer politische Übeltäter. (KK, 500)

Die Kneipe hatte sich geleert, am hinteren
Tisch saßen noch drei Leute. Ich mag leere
Kneipen. Sie erinnern an vergangene rauschende Feste und an ihr Ende – an rauschende Feste,
die gar keine waren.   (H, 115)

Auch als alle anderen weg waren, blieben wir
stehen, diese Angst der Trinker, nicht mehr zu
sein, wenn der andere geht, dieser Zwang, die
Zeit durch Bleiben anzuhalten.   (B, 80)

Aber inzwischen war alles zu spät, die Gedichte
noch nicht geschrieben, die Biographie noch
nicht gelebt.   (C, 81)

Lesen lernen

Und eigentlich möchte Frau Blum den Milchmann gern kennenlernen.   (E, 36)

So bin ich halt dann in Deutschland ein
Schweizer Autor. Das Eigenartige ist nur, daß
ich auch in der Schweiz selbst konsequent als
Schweizer Autor bezeichnet werde, und ich
höre dabei einen leicht abwertenden Unterton,
dasselbe Mißtrauen gegenüber der eigenen
Kultur: nicht ein Schriftsteller bin ich, sondern
»nur« ein Schweizer Schriftsteller.   (G, 57)

Nationale Literaturen – was für kleinkarierte
Kästchen sind das.   (G, 140)

Vielleicht hat es mit dem Umstand zu tun, daß
unsere Gesellschaft zwar keine Literatur
braucht, aber eben Schriftsteller nötig hat.
Schreiben müssen die Schriftsteller nicht, weil
wir Geschriebenes nötig haben; sie müssen nur
schreiben, um Schriftsteller zu werden, weil
man eben so etwas wie Schriftsteller zu brauchen
glaubt.   (L, 7 f.)

Schreiben ist unökonomisch, das hat nichts mit dem Aufwand zu tun. Oft sind es die schlechtesten Geschichten, an denen man am meisten gearbeitet hat. (Cuny, 45)

Ich kannte einen Verleger, der hatte nicht nur ein Verhältnis zur Literatur, er liebte sie auch, diese Literatur, und vor allem, er verehrte und er liebte die Schriftsteller, also legte er sich eine riesengroße Sammlung von Schriftstellern zu, und er pflegte seine Schriftsteller wie ein Briefmarkensammler seine teuren Briefmarken – ich hätte mir durchaus vorstellen können, daß er abends seine Schriftsteller mit einer Pinzette vorsichtig aufnimmt, zu Einheiten zusammenfügt und in ein Album klebt. (KK, 787 f.)

»Sie schreiben also, hochinteressant, ein Buch über die geographische Lage von Paris.« »Nein«, sagte ich, »durchaus nicht«, und er sagte: »Das könnte mich interessieren.« Wie gesagt, zu Hause bleiben und mit seiner Frau nicht sprechen wäre die einzige Alternative, er aber schob mir bereits ein paar alte Silberrubel über den Tisch, und ich strich sie resigniert ein. »Ich habe nicht

die Absicht, ein Buch zu schreiben und ein
Buch über die geographische Lage von Paris
schon gar nicht«, sagte ich, diese verfluchten Silberrubel in der Hand, und er sagte: »Ja, genau:
Ein Buch!«   (TG, Freund Siegfried)

Ich liebe zum Beispiel Joseph Conrad, und ich
liebe Jean Paul, Flaubert, aber ich bin nicht so
wie sie und ich schreibe nicht so wie sie. Als
literarische Vorbilder nützen sie mir nichts. Ich
freue mich nur als Leser über sie. Und das genügt mir.   (KK, 477)

Nichts erinnert mich so sehr an mich selbst wie
die Bücher, die ich gelesen habe. Sie sind mir zu
Tagebüchern geworden.   (KK, 579)

Leidenschaftliche Leser sind Leute, die dauernd
an sich selbst und an die Ihren erinnert werden
möchten.   (KK, 441)

Bücher sind Inhaltsverzeichnisse von Köpfen.
                                              (EB, 57)

Alfred ist kein Leser. Aber ich habe von ihm gelernt, was Lesen sein könnte: Geschichten persönlich nehmen.   (KK, 463)

Mein Lieblingsbuch ist jenes, das ich jetzt lese.
                                              (KK, 675)

Lesen ist eine Verrücktheit wie Glauben.
                                              (KK, 539)

Und je mehr er las, desto mehr wurde alles um ihn herum zu einer Steppe der Ungebildetheit.
                                              (C, 55)

Es geschieht etwas im Kopf beim Lesen, das nichts zu tun hat mit Inhalt und Information. Lesen hat immer wieder eine Spur von Meditation.   (Ü, 182)

Ich habe vielleicht gelernt, am Lesen an und für sich mindestens ebensoviel Spaß zu bekommen wie am übermittelten Inhalt.   (S, 30)

Lesen kann auch eine Alternative an und für sich sein, und ich kenne Leute, die leben, um zu lesen. Sie haben sich sozusagen für ein sekundäres Leben, für eine Alternative zum Leben entschlossen. (G, 76)

Der Entscheid, lesend zu leben, kann deshalb auch der Entscheid gegen das originale Leben sein, ein Entscheid für das sekundäre Leben. (L, 44)

Ein Leser ist ein Süchtiger – vorerst nicht süchtig auf Inhalte und Themen, selten verschworen auf ein einziges oder eingeschränktes Themengebiet. Leser sind Allesleser. Leser sind jene, bei denen gewisse Körperfunktionen – ich denke ans WC – ausfallen, wenn sie keinen Lesestoff haben, die ohne Lesestoff nicht einschlafen, ohne Lesestoff nicht verdauen können oder was auch immer. Lesen, so vermute ich, ist etwas Körperliches. (L, 32)

Lesen ist etwas ganz Eigenartiges. Es hat letztlich mit Buchstaben zu tun, mit der Lust, Buchstaben vor den Augen zu haben, sie zusammenzusetzen und daraus Menschen und Namen und Welten zu formen. Lesesucht nennt man das – nicht ohne Buchstaben vor den Augen leben zu können: auf einer Toilette zum Beispiel ohne Lesestoff verloren zu sein und dann sämtliche Gebrauchsanweisungen von Waschmitteln zu lesen, nur um Buchstaben vor den Augen zu haben, und irgendwie wird die Gebrauchsanweisung zur Geschichte, zur Erzählung. (KK, 460)

Ein wunderbarer Leser, ein Buchstabensüchtiger, sagte mir einmal: »Immer, wenn ich etwas lese, auch wenn es etwas Modernes und Zeitgenössisches ist, habe ich den Eindruck, ich sei zu spät geboren.« (G, 103)

Kein Kind der Welt würde reden lernen, wenn Wörter nicht süchtig machen würden. (H, 34)

Kinder befinden sich als Leser in einer geradezu absurden Situation: sie bekommen ihre Bücher in der Regel von Analphabeten geschenkt, von Leuten, die selbst keine Bücher mögen.

(S, 32)

Ich muß als Kind auch Kinderbücher besessen haben. Man hat ja als Kind keine Möglichkeit, dem Geschmack alter gebefreudiger Tanten auszuweichen. (S, 31)

»Kochs Großes Malerhandbuch« war ein ideales Kinderbuch. Niemand kam auf die Idee, mir das Buch erzählen zu wollen, und wenn ich darum bat, wurde mir erklärt, es sei zu langweilig. (S, 29)

Es ist ein Elend, daß die Nichtleser keine Bücher mehr kaufen – daß das Buchgeschäft plötzlich auf jenen kleinen Kreis der wirklichen Leser beschränkt ist. (G, 77)

Es gibt in Europa sehr viele Alphabeten, also Leute, die buchstabieren können. Leser sind seltener. (S, 33)

Er hatte gelernt – von jener Tante – nach innen zu lesen und nicht nach außen. (Z, 80)

Lesen, das ist, einen Ton ins Ohr zu bekommen.   (Ü, 174)

Die Buchstaben weitergeben, die Arbeit des
Missionars.   (Ü, 177)

Nur wer das Lesen als eine Gegenwelt erfährt,
wird zum Leser. Das ist etwas, was die Schule
beim besten Willen nicht leisten kann.   (L, 43)

Ich habe keine schlechten Erfahrungen gemacht mit der Schule, und erst als ich selbst
Lehrer war, erfuhr ich, daß ich mit Lehrern
hätte schlechte Erfahrungen machen können.
In die Schule gehen, das ist ein hohes Risiko.
                                              (Ü, 177)

Denn Adalbert lernte nichts, gar nichts – er
lernte nur dazu.   (B, 32)

Das wäre nicht schlimm, aber er hat in der
Schule nichts anderes gelernt, als daß es nur
ums Besserwissen geht. Nicht jener, der sich für
Morgarten interessiert, war der gute Schüler –
nur jener, der Morgarten wußte. Vielleicht hat
das der Lehrer gar nicht so gemeint, aber jener,
der nie etwas wußte, hatte nichts anderes gelernt. (KK, 348)

Ich hatte mir als Lehrer eine fürchterliche Un-
art angewöhnt. Sozusagen jede Antwort eines
Kindes wiederholte ich in irgendeiner Form,
meistens sogar in derselben, die das Kind ge-
brauchte. Ich bin also in der Schule so autoritär
geworden, daß ein Satz erst dann gültig ist,
wenn ich, der Lehrer, ihn ausgesprochen und
damit bestätigt habe. (S, 25)

Allgemeinbildung ist nicht etwas, das man
lernt, sondern etwas, an das man sich gewöhnt.
Die Bedeutung der Wörter und ihre Herkunft
ist eine faszinierende Sache, aber es kommt
nicht darauf an. Man muß nicht wissen, was sie
bedeuten, sondern, wo man sie hinstellt. (J, 64)

So gesehen ist die Rechtschreibung nichts anderes als ein Selektionsmittel, das auf Umwegen die notwendigen Analphabeten schafft. Das Ziel der Schule ist nicht Bildung, sondern Selektion.

(L, 36)

Ein Lehrer ist einer, der im Besitze der Orthographie ist.

(L, 37)

Er hatte uns etwas beigebracht; Unrecht zu ertragen und Gunst anzunehmen, er hatte uns die Klassen in der Klasse beigebracht, die Schule der Faschisten.

(KK, 111)

– die Beherrschenden beherrschen eben mehr als nur die Unterdrückten, sie beherrschen auch eine Sprache, sie beherrschen zum Beispiel Grammatik und Orthographie.

(KK, 82 f.)

Die feudalistische Schule bildet Feudalisten aus – dagegen kommt auch die demokratische Verfassung nicht an. Die feudalistische Schule ist das trojanische Pferd in der Demokratie.

(S, 46)

Der Privilegierte lernt in der Schule eben nicht
nur Dinge, die ihm direkt in seinem Leben dienen, sondern er lernt auch den Code, der ihm
erlaubt, sich in der Elite zu bewegen.   (S, 41)

Das Wort »Recht« hört der Mensch erstmals im
Zusammenhang mit »Rechtschreibung« –
der Rotstift des Lehrers relativiert die Gerechtigkeit.   (KK, 83)

Irgendwo in der Schweiz sitzt ein spanischer
Primarschüler in der zweithintersten Reihe und
ist ein schlechter Schüler. Der Grund, daß er
ein schlechter Schüler ist, ist ganz einfach: er
hat Mühe mit Deutsch – er hat also Mühe mit
Fremdsprachen. In Wirklichkeit hat er aber
nicht die geringste Schwierigkeit mit Fremdsprachen – keiner in der Klasse, auch der Lehrer nicht, spricht so viele Sprachen wie er, er
spricht und versteht vier oder fünf Sprachen,
und eigentlich alle diese Sprachen sind für ihn
Fremdsprachen – und wir nehmen an, er sei ein
schlechter Schüler, weil er Mühe mit Fremdsprachen habe.   (KK, 405)

Man lernt vor allem die Schwierigkeiten der Fremdsprache, weil die Schwierigkeiten prüfbar sind. (L, 36)

Mir ist nur plötzlich eingefallen, daß es doch eigenartig ist, wie wenig in unserer Schule kulturelle Vielfältigkeit gilt – wie wenig es gilt, wenn der Schüler in der zweithintersten Reihe fünf Sprachen kann. Und dies in einem Land, das so stolz ist auf seine kulturelle Vielfältigkeit. (KK, 407)

Es sitzen hier einige, die in der Schule dauernd durch Nichtwissen gescheitert sind. Nun wissen sie etwas plötzlich ganz genau, sie sind sich ganz sicher – und nun bringen sie ihr Wissen einfach nicht durch. (KK, 228)

Aber in Wirklichkeit möchten wir doch nur eine Schule für Erfolgreiche, für eine erfolgreiche Wirtschaft zum Beispiel. Und diese Schule haben wir doch – und diese Wirtschaft auch. Und nicht die Schule hat die Welt schnell gemacht, sondern wir. (KK, 699)

Wer nur das Lesen lernt, der lernt noch lange nicht, sich zu Tode zu krampfen. (S, 16)

Unsere Schulen lehren offensichtlich nur buchstabieren, lesen lehren sie nicht. (D, 50)

Lesen braucht Lange-Weile, lange Zeit. Wie sollte es der Schule gelingen, Langeweile herzustellen – oder wenn Sie es wertfreier wollen: Muße. (L, 43)

Auf die voreilige Ausbeutung der Kinder hat man verzichtet, auf die Arbeitserziehung konnte man nicht verzichten. (S, 17)

Der Maßstab jedenfalls ist die Schule, nicht der Schüler. Deshalb kann der Schüler an der Schule scheitern, die Schule am Schüler nicht. (S, 39)

Wer behauptet, daß Disziplin ein Erziehungs-
mittel sei, ist bereit, sie absurd zu machen, in
der Art des Exerzierens im Militär. Ihr Erfolg
ist keine Erkenntnis, sondern blinder Gehor-
sam.   (S, 24)

Der Feldweibel schreit genauso ohne Gründe
wie der Vater, er sucht nur Gründe zum Schrei-
en.   (KK, 249)

Darüber müßte man reden, aber darüber redet
man nicht. Denn wer nicht schlägt, den beschimpft man schon gleich als antiautoritär, und
viele meinen, antiautoritäre Erziehung heiße
den Meister nicht zeigen. Das heißt es zum Teil
wohl auch, aber antiautoritäre Erziehung meint
als Ziel etwas anderes. Sie meint Leute fähig
machen zur Befehlsverweigerung. Nur wer das
kann, muß das andere nicht können.   (KK, 371)

Als ich vor 35 Jahren meine erste Stelle als Lehrer antrat, empfahl mir mein Vorgänger, jeden
Tag einen Schüler zu verprügeln, sonst bekäme
ich das nie in den Griff. Ich fragte ihn, was

ich denn tun sollte, wenn keiner sich strafbar
gemacht hätte – und er sagte: »Die stellen alle
dauernd was an, du wirst nie den Falschen er-
wischen.«   (KK, 400f.)

Du könntest das besser, sagte der Meister zum
Schüler, als er sah, daß dem Schüler etwas
gelang, was er – der Schüler – noch gar nicht
konnte. Nun könnte man annehmen, daß der
Meister im Unrecht war.   (Z, 60)

Und solche wollen Lehrer sein, war sein stän-
diger Gedanke, wenn er Lehrer sah. Und er
verabscheute Schulreisen.   (C, 20)

Wenn ich meinen Sohn zur Besinnung auffor-
dere, dann fordere ich ihn in der Regel zu
nichts anderem auf als zum Gehorsam, wenn es
hochkommt, zur Vernunft (und leider ist kaum
jemand bereit, unter Vernunft etwas anderes zu
verstehen als freiwilligen Gehorsam).   (KK, 71)

Ich war gern Lehrer und ich glaube, daß Lehrer sein ein Beruf ist, dessen Ausübung unter allen Umständen – also auch unter allen politischen Verhältnissen – sinnvoll sein kann.　　(S, 11)

»Nur der lernt wirklich, der sein ganzes Streben auf das Nichtlernen richtet. Nur der kann darüber staunen, was er alles weiß«, sagte Habertruber.　　(B, 109)

(…) er gehörte zu jenen, die sich als Kinder immer wieder mit der Frage beschäftigten, welchen Fluß der Welt man als den kleinsten bezeichnen könnte, welches der kleinste Berg sei.　　(B, 108)

Nur wer Lust hat auf das Unverständliche, kann zum Leser werden, nur wer Lust auf das Verbotene hat, wird zum Leser – mit roten Augen und Taschenlampe nachts unter der Bettdecke.　　(Ü, 176)

Der Abenteurer Hemingway wußte, daß es
kaum ein größeres Abenteuer gibt, als ein ge-
liebtes Buch zum ersten Mal zu lesen.   (KK, 578)

Und wir beugten uns über das Buch und reisten
zusammen in die Polarwüsten, die Eismeere,
die russischen Wälder, die Eisberge, die Hunds-
grotten und extrahierten uns dann eine schöne
Nebenerde, ein Nebenplanetchen.   (EB, 59)

Ich mag Übertreibungen nicht, aber ich glaubte, ich las um Leben und Tod – jene berühmte
Aufgabe im Märchen, wenn es darum geht, die
Prinzessin zum Lachen zu bringen oder zu sterben.   (KK, 45)

Die Literatur ist die kategorische Sinnvollerklä-
rung. Weil ich erzählen kann, bin ich, und weil
ich es erklären kann, stehe ich es durch.   (L, 96)

Lesen an und für sich – wie der Erstklässler,
der sich freut, Buchstaben zusammenfügen zu
können. Und später lesen, um zurückzufinden

zu sich selbst, das fast Unverständliche lesen, meinen geliebten Jean Paul. Das Unverständliche akzeptieren und lieben, weil es am wenigsten vom Lesen an und für sich ablenkt. (Ü, 182)

Ich lese ihn leidenschaftlich gern. Vielleicht auch aus Snobismus, weil ich ein Jean-Paul-Leser sein will. (T, 106)

Inzwischen bin ich etwas gebildeter und routinierter und beginne auch beim Lesen voreilig zu verstehen. Das kann ich nicht mehr ändern – es gibt kein Zurück in die Naivität. (H, 153)

Nicht lesen können, das stelle ich mir schrecklich vor, noch viel schrecklicher als nicht verstehen können. (KK, 528)

Wer die Freude am ungelesenen Buch nicht kennt, der kennt auch die Freude des Lesens nicht. (G, 80)

Lesen ist gar nicht so einfach.   (KK, 132)

Und Lesen ist elitär. Die Leser sind nicht nur
heute eine Minderheit, sie waren es schon
immer, wenn auch immer wieder aus anderen
Gründen.   (Ü, 178)

Wenn sich Leser treffen, wenn sich zwei Leser
treffen, die zufällig vor kurzem von demselben
Buch begeistert waren, dann fallen sie sich in
die Arme. Das Ereignis ist selten.   (L, 30)

Also gehörte auch er zu uns, zur Verschwörung
der Leser – er und Anton, der Bärtige und
der Student und die ältere Dame mit ihrem
beschützten Jean Paul und ich – ja, wir sind
wenige, und es ist selten, daß wir uns treffen,
aber wenn wir uns treffen, dann sind wir mehr
als viele, nämlich alle.   (KK, 781)

Ein Leser braucht Mitleser. So einsam das Geschäft des Lesens auch erscheinen mag, es ist es
mitnichten.   (G, 93)

Unser Briefträger war ein leidenschaftlicher Leser. Wo er auch immer ging, er war dauernd – gehend – am Lesen. (KK, 417)

Nebenbei bemerkt: wenn Literaturkritik einen Sinn haben kann, dann eigentlich nur diesen: ein öffentlicher Gesprächspartner zu sein für einsame Leser, ein öffentlicher Mitleser. (L, 29)

Lesen bedarf der Solidarität. Wenn mir ein neues Buch beim Lesen gefällt, dann stürze ich mich in den Zeitungen auf die Besprechungen. Ich suche einen Mitleser und ich finde ihn selten – (G, 95)

Wenn aber die Welt so sein soll, wie sie ist, und auch so bleiben soll, dann sind wohl die Bedenken der Väter berechtigt: Leser sind subversiv.

(L, 39)

Leser, diese eigenartige Spezies von Subversiven, von Verschworenen, die – weil sie viele wären – sich auf ein 21. Jahrhundert freuen könnten. (G, 38)

Was uns bleibt, das ist die Verschworenheit, die Verschworenheit der Leser. Die Solidarität der Süchtigen, der Buchstabensüchtigen. (G, 106)

Wer keine Neigung zur Traurigkeit hat, der ist für die Literatur verloren. Vielleicht taugt er noch einigermaßen zum Schreiber, zum Leser taugt er ganz sicher nicht. Die Welt der Literatur ist die Welt der Sentimentalen. (L, 11 f.)

Die Triefäugigkeit hält sein Arzt, ein Professor, der auch in einem Haus wohnt, für eine Bagatelle und für medikamentös leicht einstellbar.
(Z, 11)

Ich lese Robert Walser. Seit dreißig Jahren – das fällt mir dabei plötzlich ein – habe ich das immer und immer wieder getan. Er ist sozusagen ein Teil meiner Biographie geworden. Ich habe mit ihm gelebt, vielleicht oft mehr und intensiver als mit Menschen, die ich in Wirklichkeit getroffen habe. (KK, 261)

Lesen ist eine Form von Zuhören. (H, 153)

Was die Leute von der Literatur wollen, ist
Schönheit als Trost.   (Warum, 15)

Es gibt nun allerdings eine Literatur, die den
Anschein erweckt, sie vermittle Originalerleb-
nisse. Wir bezeichnen sie als Trivialliteratur:
Simmel und Konsalik etwa.   (L, 21)

Ich glaube, Schriftsteller, die Neues erzählen,
die nennen wir Trivialautoren, die dem Leser
etwas erzählen, was er noch nicht weiß. Die
andern Autoren, die erzählen immer das, was
der Leser weiß.   (Cuny, 51)

Sollte ich auf Kitsch reingefallen sein – was
soll's, ich bin stolz darauf, mich hat's beeindruckt.   (KK, 153)

Es besteht der Verdacht, daß Kultur ein Ord-
nungsfaktor ist und daß der Kitsch nicht ohne
Grund verhetzt wird.   (KK, 132)

Schon als Kind mochte ich jene Tiergeschich-
ten nicht, in denen sich Tiere wie Menschen
verhalten und so ähnlich gekleidet sind wie
Menschen, aber die Fabeln von La Fontaine, die
mir meine Mutter ab und zu erzählte, mochte
ich sehr. Darin wurden nicht eigentlich Tiere
vermenschlicht, sondern sie erinnerten nur an
Menschen.   (H, 59)

Ist eine Gesellschaft, die nichts anders will als
Reichtum und Wachstum, auf Leser angewiesen? Braucht sie wirklich Leser?   (L, 35)

Lesen ist umständlich und unökonomisch.
Noch bedauert die Gesellschaft, daß die Schrift
ihrem Untergang entgegentreiben könnte. Ich
zweifle ab und zu, ob sie das ehrlich bedauert
oder nicht bereits daran ist, ihren Untergang zu
betreiben.   (Ü, 182)

Aber unser Staat hat sich einmal entschieden –
mit Gründen und zu Recht –, allen Leuten das
Lesen und Schreiben beizubringen. Weshalb
hindern wir sie dann mit Kleinlichkeit daran,
das Gelernte zu benützen?   (KK, 84)

Noldi sagt: »Mundart schreiben, das ist sehr schwer.« »Ich könnte es nicht«, sage ich.   (KK, 75)

Wir müssen unsere Zukunft – unsere Kultur – gemeinsam finden. Und wir müssen gemeinsam lernen, lernen, lernen.   (S, 107)

Das Lesen an und für sich ist die heilige Handlung, das Lesen der heiligen Schrift, der heiligen Buchstaben.   (Ü, 181)

Es gibt diese Restaurants, die ihre täglichen Menüs auf schwarze Tafeln schreiben, meistens an etwas erhöhter Stelle angebracht. Ich habe das immer wieder beobachtet: Die Leute kommen rein, bleiben stehen, erheben ihren Blick und beginnen zu lesen. In Wirklichkeit nur, um ein Menü zu wählen. Aber sie sind dabei, ohne es zu wissen, am Lesen, und ihr Blick zur Tafel gleicht dem Blick der Frommen zum Hochaltar, als würden sie beten oder meditieren. In diesen Restaurants habe ich immer wieder den Verdacht, daß Lesen an und für sich eine religiöse Handlung sein könnte. Die Gesetzestafeln von

Mose – es steht geschrieben. Das Menü steht
geschrieben, da oben an der Wand.   (Ü, 181 f.)

Versteckenspielen ist mir so lieb wie dem Jean
Paul.   (G, 24)

*Bestimmt waren Erwachsene
einmal Kinder*

Und dann kaufte er sich ein Buch über das Panzernashorn. Und das Panzernashorn fand er schön. Er ging in den Zoo und fand es da, und es stand in einem großen Gehege und bewegte sich nicht. Und der Mann sah genau, wie das Panzernashorn versuchte zu denken und versuchte, etwas zu wissen, und er sah, wie sehr ihm das Mühe machte. Und jedesmal, wenn dem Panzernashorn etwas einfiel, rannte es los vor Freude, drehte zwei, drei Runden im Gehege und vergaß dabei, was ihm eingefallen war, und blieb dann lange stehen – eine Stunde, zwei Stunden – und rannte, wenn es ihm einfiel, wieder los. Und weil es immer ein kleines bißchen zu früh losrannte, fiel ihm eigentlich gar nichts ein. (K, 83)

Was man vergißt, vergißt man. Das muß so sein. Es hat keinen Sinn, mit Fotos daran etwas ändern zu wollen, sagten sie zueinander (sagte sie zu ihm und er war gleicher Meinung, oder sagte er zu ihr und sie war gleicher Meinung). (J, 53)

Bestimmt war er einmal ein Kind, aber das war zu einer Zeit, wo die Kinder wie Erwachsene angezogen waren. Man sieht sie so im Fotoalbum der Großmutter. (K, 21 f.)

Die Welt des Kindes ist eine anmaßende Vorstellung der Erwachsenen; sie meinen damit die Welt des Niedlichen, des Harmlosen, des Ungefährlichen. Was mich interessierte, war nicht die Welt des Kindes, sondern ganz einfach die Welt. (S, 31)

Im übrigen ist es eigenartig, wie wohl einem das tut, von einem Kind bemerkt oder gar irgendwie benannt zu werden, wieviel Ehrgeiz und Eitelkeit man dafür investiert. (KK, 59)

Kinder als Alibi, sie haben sich über das zu freuen, über das sich die Erwachsenen freuen wollen. Kinderbücher machen mir auch immer wieder diesen Eindruck. (H, 127)

Ich denke an Kinderbücher – eines der herrlich-
sten, die es gibt, »Jim Knopf und Lukas, der Lo-
komotivführer« zum Beispiel, an Kinderbücher,
wo ein Kapitän eben viel mehr ist als einer, der
das Schiff führt, wo ein Schreiner eben einer
ist, der sein Leben mit Holz verbringt.   (KK, 34 f.)

Ich ahne, was das sein könnte, wenn ich zwei-
jährige, dreijährige Kinder sehe, die sich eine
Welt ganz neu erobern, staunend, interessiert
und von diesem Leben begeistert. Mit diesen
Kindern wäre keine Politik des Ärgers zu machen.   (KK, 583)

Die Veränderung der Welt wird nur für jene
sichtbar, die sie sehen wollen.   (KK, 260)

Ihm aber fiel es schwer, eine seiner großen
Schuhnummern vor die andere zu setzen, eine
Schuhnummer vor die andere, ein ganzes Leben
lang.   (C, 36)

Vielleicht verändert sich die Welt, vielleicht versucht sie doch ab und zu ein bißchen besser zu werden, als wir. Dank sei in diesem Fall jenen, die ab und zu bereit sind, der Welt ihren Lauf zu lassen. (G, 45)

Was nicht lassen können? Ganz einfach alles. Wir können alles nicht mehr lassen, wohl weil inzwischen alles, was wir haben, irgendwo produziert ist, sein Geld kostet, seine Arbeitsplätze schafft – eben seinen Zusammenhang hat.
(KK, 352)

Alles hängt mit allem zusammen, und (fast) alles wird zum wirtschaftlichen Faktor. Daß wir es einsehen, macht die Sache noch schlimmer, denn veränderbar ist sie nicht. (KK, 580 f.)

Ein Neubeginn ist erst nach der Katastrophe möglich. (S, 157)

Es ist ein Elend für die Menschen, daß sie groß geworden sind. Sie sehen, weil sie groß sind, den Anfang des Himmels nicht mehr. (Ü, 58)

Ist denn Erwachsenwerden nichts anders als
das Interesse verlieren? (KK, 543)

Sie kochen nicht mehr, die Manager. Sie bringen es nur noch zum Funktionieren. (KK, 666)

Es scheint hier oft leichter, einen Betrag von
hunderttausend aufzutreiben als einen von
tausend. (KK, 166)

Die Reichen leben davon, daß sie die Armen im
Glauben lassen, sie könnten Reiche werden.
(KK, 700)

Leute, die aus der Armut kommen, leben ein
Leben lang in der Vorstellung, sie könnten
Geschichten erzählen. (Z, 113)

Nicht über Geld sprechen dürfen, das ist auch
ein Mittel der Unterdrückung – und erschrek-
ken Sie nicht: es gibt Leute, die sehr wenig ver-
dienen. (KK, 211 f.)

Für wen verhalten wir uns eigentlich so
diskret? Nützt das wohl den Reichen, wenn
niemand über Geld spricht, oder nützt das etwa
den Armen? Wer hat das wohl erfunden, daß
über Löhne reden etwas Unanständiges sei?

(KK, 211)

Und das ist wohl ein Teil der Arroganz der
Mächtigen, daß sie Erfahrung für Wissen halten
und den Versuch zur Objektivität für unbrauch-
bar.

(KK, 114)

Ich war entsetzt über diese gnadenlose Anständigkeit, über diese emotionslose Korrektheit –

(KK, 734)

»Die machen ja doch, was sie wollen« ist ein
Mißverständnis des Bürgers. Die Politik verhält
sich legal. Der Bürger aber weiß: wenn er sich
mit Politik befaßt, dann befaßt er sich nicht mit
der Macht. Er kann nicht über jene Dinge entscheiden, über die er entscheiden möchte. Die
Dinge, die ihn unterdrücken, entziehen sich der
Aufsicht des Staates.

(D, 98 f.)

Und der Einwand der Banken ist berechtigt,
sie handeln legal, und sie glauben, daß legal
handeln und moralisch handeln dasselbe seien.

(KK, 340)

Sie tun es durchaus in der Legalität. Und sie
verwechseln Tag für Tag Legalität mit Moral.
Was legal ist, halten sie für moralisch. (KK, 680)

Aus der Wut ist ein kleiner mieser Ärger geworden, und aus der Bewegung eine Institution.

(S, 95)

Wir leben in einer entfremdeten Welt, und
die Erfolgreichen sind jene, die mit der Sache
nichts zu tun haben – nur noch mit sich selbst.

(KK, 708)

Ein Mann, der mit der Bezeichnung Geschäftsmann eigentlich schon beschrieben ist. (KK, 780)

Der Reiche kann eigentlich nur noch mit dem
Reichen solidarisch sein, der Schweizer nur
noch mit dem Schweizer. (D, 68)

Wir sind ein bürgerliches Land. Man kann das auch positiv sagen: ein Land von Bürgern.

(D, 13)

Ich kenne die biederen Männer, die das Wort »brauchen« verwenden für den Kontakt zu einer Frau. »Er braucht sie.« (KK, 156)

Wählt mehr Frauen, nur sie sind fähig, die Korruption der Männer sichtbar zu machen.

(KK, 344)

Übertreibungen, Übertreibungen – ich weiß. Aber die alltäglichen Befehlsgewalten, die allmorgendlichen über meine Kaffeemaschine, machen vielleicht doch auch ein bißchen gewaltbereit. (KK, 744)

Nein, gewalttätig ist er nicht, aber etwas anderes ist er, gewaltbereit. (KK, 678)

Aber kürzlich hörte ich von einem Gewaltigen,
der sich völlig legal mit einem Verwaltungs-
ratsbeschluß acht Millionen zugeschanzt hatte.
Das sind tausendmal achttausend Schweine. Er
wurde tätig, der Gewaltige.   (KK, 679)

Mir scheint, ich kenne das – ganz im Kleinen –,
es ist mein eigener Teller, den ich zerschlage,
wenn ich eine Wut kriege, und nicht der meines
Nachbarn, und ich empfinde meine Wut nicht
als Wut, sondern als Verzweiflung.   (KK, 448)

Nicht ich bin so und Sie auch nicht, lieber
Leser, aber wir alle zusammen sind so, das ist
beschämend und ekelhaft. Ich gehöre zu einer
Gruppe von Gewalttätern, und ich verstehe,
daß mir niemand meine weiße Fahne glauben
will.   (KK, 157)

Die Machtdemonstration der Mächtigen nennt
man legale Macht, und man empfindet sie als
Ordnung. Die Macht der Ohnmächtigen aber
ist illegal – und sie ist hoffnungslos und ver-
zweifelt und führt in die Verzweiflung.

                                    (KK, 741 f.)

Nun gut, wer einen Staat will, muß auch den Rechtsstaat wollen, ich sehe das ein.　　(KK, 11)

Das Gesetz aber ist für den Juristen verpflichtend. Das ist recht so, und gäbe es kein Gesetz und nur der sogenannte gesunde Menschenverstand wäre entscheidend: ich bin überzeugt, dieser sogenannte Verstand würde sich auf die Seite der Großen und nicht der Kleinen schlagen.　　(KK, 219)

Die Frauen brechen das Spiel der Männer auf, das ist alles. Ohne sie hat es nämlich blendend funktioniert, das Spiel mit Korruption und Indiskretion, mit freundschaftlichem Hinweis, mit Steuertricks und mit augenzwinkernden Geschäften, mit Anwälten und Verwaltungsräten – nur eben, verwandt dürfen sie nicht sein, nur befreundet.　　(KK, 343)

Wissen ist Widerstand – ist Widerstand gegen die Macht.　　(S, 12)

Die Wissenden haben es schwer. »Und wer viel lernt, der muß viel leiden«, hat schon der Prediger Salomon gesagt. Er hat es genauso gemeint, wie das der Kleine erfahren hat: wie das oft fremde Gäste bei uns erfahren. (KK, 248)

Uns wirklichen Menschen aber – so scheint mir – ist alles immer wieder gelungen, die Kernspaltung ist uns gelungen, die Mondlandung ist uns gelungen, der Erste und der Zweite Weltkrieg sind gelungen, und die Kriegsgewinne sind gelungen, und Wachstum, Wachstum, Wachstum ist uns gelungen – wie unmenschlich unser Gelingen geworden ist! (Ü, 15)

Wir sind die Übermenschen des 20. Jahrhunderts. Wir hätten aus der Geschichte besser nichts gelernt als nur das. (KK, 266)

Wir erschrecken nicht mehr darüber, daß unser Jahrhundert übel ist. Es scheint fast so, daß wir im stillen eingestehen, daß uns das Jahrhundert mißlungen ist. (KK, 160)

Ein gebildeter Mensch aber – und ich kenne gebildete Arbeiter und gebildete ehemalige Hilfsschüler – ist für mich einer, der möglichst viel Unnötiges und Unbrauchbares weiß.   (S, 13)

Ja, es wäre schön, endlich mal zu sehen, wie einem Mächtigen die Macht mißlingt – aber weil es um gar nichts anderes geht als nur um die Macht, wird alles schal.   (KK, 707)

In Schneemännern muß es auch etwas haben. Man wird es nie finden. Sobald man es sucht, ist der Schneemann keiner mehr.   (E, 29)

Die Soldaten sollen motiviert werden, die Tierfreunde und die Atomkraftbefürworter. Der Soldat und der Briefmarkensammler: beide sollen lernen, daß es um alles geht – und um nichts anderes. Ich weiß nicht: ich halte Motivation für etwas Unmenschliches.   (KK, 173)

Man könnte jetzt Überlegungen zum Rassismus der Erwachsenen anstellen, Überlegungen zum Fremdenhaß. Aber lassen wir das. Sehr wahrscheinlich ist unser Fremdenhaß nur angelernt, und wir haben nur die Freude am anderen, am Anderssein, verloren. (KK, 423)

Voreilige Realisation und aktiengesellschaftliche Relevanz lassen wenig Platz für die Hoffnung übrig. (H, 80)

Er hat – wie alle Rassisten – den Beweis der Ausnahme, er hat eine dunkelhäutige Frau, und er lobt sie. (KK, 485)

Wissen ist zum Verzweifeln (...). (KK, 227)

»Ich muß zuerst wissen, was ich nicht wissen will«, rief der Mann und riß das Fenster auf und öffnete die Läden, und vor dem Fenster regnete es, und er schaute in den Regen. (K, 81)

Wir haben jetzt – hinterher – alles schon
gewußt, und die Lottozahlen sind so wenig
überraschend wie andere Resultate und machen
einen absolut selbstverständlichen Eindruck.

(KK, 738)

Nicht nur die Waren sind zum Wegwerfen,
auch die Ereignisse; die Mondlandung zum
Beispiel ist bereits weggeworfen.   (KK, 97)

Wir sind nämlich krisenfest, wir haben das
Weinen verlernt, und wir kennen die Tricks des
voreiligen Trosts.   (KK, 152)

Übrigens, der Zug von Genf nach Lausanne,
Abfahrt 15.18 Uhr, fuhr vor einem halben
Jahr noch von der anderen Seite des Perrons,
ich habe immer noch Mühe, mich an die neue
Seite zu gewöhnen. Und die Jungen werden
nie wissen, daß er früher auf der anderen Seite
abgefahren ist.   (KK, 661)

Darauf ist er in seinen Überlegungen nicht gekommen: daß nämlich nicht etwa die Jungen das Leben schnell gemacht haben, sondern die Alten. (KK, 698)

Die Erwachsenen wissen es. Es gibt Naturge-setze; die Kinder ahnen das auch, aber sie sind dagegen. (S, 8)

Im Halbwissen, so viel hatte er gelernt, ist alles Frage. (B, 112)

Kinder können in Fragen leben. Erwachsene leben in Antworten. Die Ordnung begreifen heißt: in Antworten leben. Nicht »Warum gibt es Kriege?«, sondern »Es gibt Kriege«. (KK, 27)

– man hat bereits eine Antwort und will sie sich durch Fragen nicht verderben lassen. (KK, 26)

Jedenfalls nehmen bei Gesprächen die Kriegs-
prognosen mehr und mehr zu. Die, die sie
aussprechen, sind nicht jene, die einen Krieg
machen könnten und ebensowenig verhindern.
Aber die Chance, daß man ihn annehmen,
akzeptieren könnte, diesen Krieg, nimmt zu.

(KK, 91)

Ich bin jedenfalls überzeugt, daß breitgetretene
Langeweile und Angeödetheit zu einem Kriegs-
grund werden könnten. Ich erinnere mich, wie
ich als kleiner Bub mit der Großmutter am
Radio saß und Kriegsnachrichten hörte und wie
meine Großmutter sagte: »Ich weiß gar nicht
mehr, was vor dem Krieg in den Nachrichten
kam – was werden die wohl nach dem Krieg
erzählen?«
(KK, 186)

Vor fast fünfzig Jahren ging der Krieg, den er
meinte, zu Ende, aber alles, was er erzählte, geschah entweder vor dem Krieg oder nach dem
Krieg. Nach dem Krieg war er zu alt.
(Z, 35)

Deshalb auch klingt in Erzählungen der Alten
über den Krieg damals so etwas wie Triumph

mit, der Triumph, daß die Jungen damals noch nicht lebten. Und wohl nur deshalb waren die alten Zeiten so gut, weil man sich an sie erinnert. (KK, 495)

»Ich kenne den Krieg«, sagt er. »Ich bin mit 18 zum Militär. Weißt du, was wir dort gelernt haben? Töten, nur töten haben wir dort gelernt.« Seine Geschichte klingt jetzt wie auswendig gelernt, als kenne er sie so wie ich nur aus dem Kino. Er kann seine Geschichte nicht glaubhaft erzählen, das Kino hat sie ihm hinterher gestohlen. (KK, 296)

Gewalt ist etwas Totales. (KK, 303)

Wissen Sie, wenn alle umgebracht werden, wenn alle ohnehin umgebracht werden, dann gibt es doch eigentlich gar keine Mörder, dann ist das doch einfach so, daß irgendwo auf der Welt einer sich wünscht, daß ein anderer stirbt, nicht aus Ärger, nicht aus Wut oder Haß, sondern einfach so, so aus Laune. (B, 94)

Der Krieg ist langweilig. Das ist zynisch. Aber es ist nicht mein Zynismus, es ist unser Zynismus. (KK, 641)

»Wenn du erwachsen bist, wirst du's begreifen«, dieser Satz liegt mir in den Ohren. Ich hab's nicht begriffen. (KK, 28)

Und ich erinnere mich, daß wir Fußball spielten auf der Hauptstraße während des Krieges; es gab so wenige Autos. Und dann kam ein Polizist auf dem Fahrrad – ich kenne noch seinen Namen, er hieß Camille Husi – und beschimpfte uns und sagte, daß es verboten sei, Fußball zu spielen auf der Straße, und dann drohte er uns: »Wartet nur, Buben, bis Frieden ist.« (KK, 318f.)

Der Schrecken ist nicht nur der Partner des Krieges geworden, er ist jetzt auch ein Partner des Friedens. Eine gefährliche Partnerschaft – denn in Frieden leben, das hieße doch ohne Angst leben. (KK, 189)

Wir sind, im Unterschied zu den Jungen, etwas geworden: Wir sind Erwachsene geworden.

(KK, 696)

Ihr habt mir versprochen, ein Erwachsener werden zu dürfen, und ich hielt das für erstrebenswert.

(KK, 26)

Die dreijährige Nora hat sich was angeschaut, nämlich jene Bewegung des Kopfes, mit der sich jene Frau die Haare aus dem Gesicht wirft. Nun tut sie das auch – für ihr ganzes Leben – und ist auch eine Frau.

(Z, 13)

Ich bin aus einer Welt herausgewachsen – es ist eine ganz andere, in der ich jetzt lebe –, und ich stelle zu meiner Überraschung fest, daß die Figuren aus jener anderen Welt jetzt auch in dieser Welt leben. Mir selbst ist nicht aufgefallen, daß ich die Welt gewechselt habe – es fällt mir nur auf, wenn ich hier – auf dieser Welt – die Figuren aus jener andern Welt treffe. Sie muß sehr viel mehr wert gewesen sein – jene andere Welt. Die Erwachsenen machen irgend etwas falsch.

(KK, 47)

Sie wäre viel lieber Modistin geworden, wobei man sie mit Recht in Verdacht hatte, daß ihr vor allem das deutsche Wort für Modistin so sehr gefiel – Putzmacherin. (Z, 18)

Wenn wir als Kinder etwas werden wollten, dann haben wir uns doch mehr vorgestellt als einen Beruf, den man ausübt. (KK, 34)

Ich möchte wissen, wie es kleinen Kindern gelingt, das Gewöhnliche vom Außergewöhnlichen zu unterscheiden. (KK, 422)

Wissen Sie, ich stelle mir immer wieder vor, daß es doch möglich wäre, daß ich Klavier spielen könnte, aber ich könnte es nur einmal. Also irgendeinmal stehe ich im Lokal auf, setze mich ans Klavier und spiele, und alle sind überrascht, daß ich so gut spiele, sie hätten es mir nicht zugetraut. Aber weil ich es nur einmal kann, deshalb tue ich es nie, weil es dann weggeworfen wäre für immer. (B, 94)

So werden wir die Gefangenen von dem, was wir können. Und deshalb nähe ich gern Knöpfe an. Beim Knöpfeannähen bin ich ein freier Mensch, weil ich es nicht kann.   (KK, 368)

Nur darf ich es nicht allzu oft tun, sonst laufe ich in Gefahr, es doch noch zu lernen. Knöpfe annähen macht nur so lange Spaß, wie man es nicht kann.   (KK, 367)

Nichtkönnen nicht als Mangel, sondern als Freiheit empfinden.   (KK, 683)

Förster haben mit dem Wald zu tun. Frauen haben mit warten zu tun. Häuser sind Häuser.

(E, 9)

Ein Bauer sagt: »Ich gehe in den Stall, ich gehe aufs Feld, ich gehe melken, ich gehe pflügen.« Nicht, daß der Bauer etwa hartes Arbeiten nicht kennen würde – aber er nennt sein Tun nicht Arbeit. (Ganz nebenbei: ich gehöre auch zu den Privilegierten, die ihr Tun nicht als Arbeit bezeichnen. Ich arbeite nicht an meiner Maschine – einer Schreibmaschine – sondern ich schreibe.)

(KK, 197)

Arbeit ist ein Wort, das wir dann brauchen,
wenn Leben und Erwerb, wenn Sein und
Tun nicht mehr zusammenfallen, wenn man
sich – was als selbstverständlich gilt – mit dem
Erwerb ein anderes Leben kaufen will als jenes,
in dem man arbeitend lebt. (KK, 197)

Ein Profi ist einer, der gelernt hat, zu behaupten, sein Beruf sei ein Beruf wie jeder andere
Beruf auch. (KK, 394)

Professionalität hat einen Hauch von Lieblosig-
keit, von Kaltschnäuzigkeit. Ich habe noch nie
gehört, daß sich ein Schreiner als professionel-
ler Schreiner bezeichnet hat, und würde er es
tun, ich würde meinen Tisch bei einem anderen
machen lassen. (KK, 778)

Das Können verdirbt nur den Spaß. (KK, 368)

Doch er blieb sein Leben lang ein richtiger
Erfinder, denn auch Sachen, die es gibt, zu er-
finden, ist schwer, und nur Erfinder können es.
(K, 55)

Das Nichtkönnen verlieren, das kann ein echter
Verlust sein.   (KK, 684)

Die Vorstellung vom Nichtkönnen genügt
nicht. Es hat jedenfalls noch keiner Kuh etwas
genützt, daß ich unfähig wäre, sie zu töten.
Ich wäre auch unfähig, den Wald mutwillig zu
vernichten. Ich tu das auch nicht, aber er stirbt.
Irgendwie bin ich auch als Konsument unfähig
zur Befehlsverweigerung.   (KK, 370)

Es bereitet mir Lust, Dinge zu kaufen. Mitunter
versuche ich Traurigkeit zu überwinden durch
den Einkauf unnötiger Dinge. Ich halte das für
strohdumm, und ich schäme mich.   (KK, 95)

Wem gar nichts mehr einfällt, dem fallen neue
Kleidchen ein.   (KK, 457)

Haben wir die Freiheit dem Zwangskonsum
geopfert?   (KK, 164)

Der Markt hat nicht nur uns überholt. Er hat
sein eigenes Wachstum überholt und läuft ins
Leere.   (KK, 97)

Nun haben wir das Nullwachstum, aber wir
können nicht damit umgehen. Wir können nur
mit einer Politik umgehen, die wir kennen, also
nur mit Wachstumspolitik. Dabei wissen Öko-
logen, Soziologen, Psychologen, wissen Wis-
senschaftler in aller Welt, daß dieses Wachstum
nicht mehr wünschenswert ist und zur Zerstö-
rung der Welt führt.   (KK, 223)

Staunen ist auch eine Form, das Nichtversteh-
bare zu verstehen.   (G, 34)

Milchmänner haben unappetitlich saubere
Hände, rosig, plump und verwaschen. Frau
Blum denkt daran, wenn sie seine Zettel sieht.
                                          (E, 36)

Die Arbeit, die wir leisten, ist entfremdete Ar-
beit, sie gehört uns nicht und erfüllt uns nicht.
Unsere einzige Hoffnung heißt Erfolg. Die
Kunst verspricht ihn.   (KK, 155)

Vielleicht heißt Erwachsensein fraglos in
Antworten leben, Antworten zu haben ohne
Fragen. Wer fragt, ist ein Feind der bestehenden
Antworten.   (KK, 27)

Der Polizist kommt in den Kindergarten, um
Verkehrsunterricht zu erteilen, und er fragt, ob
denn jemand wisse, was ein Verkehrsteilnehmer
sei. Selbstverständlich weiß es keines der Kinder,
also begibt er sich, vermeintlich, auf ihr Niveau
und sagt: »Es gibt so Dinger auf der Straße, die
haben vier Räder und machen Brumm-brumm,
wie sagt man denen?« »Autos«, sagt einer. »Und
dann gibt es auch solche mit zwei Rädern, die
Brumm-brumm machen, wie sagt man denen?«
»Töff, Motorrad«, sagt einer. Und dann das
Moped, das Fahrrad. Und jetzt sagt der Polizist:
»Es gibt aber noch andere Verkehrsteilnehmer,
die haben keine Räder, die stehen auf zwei Bei-
nen und gehen auf ihnen, wie sagt man denen?«
Und ein Mädchen antwortet: »Denen sagt man
Grüezi, Grüßgott.«   (H, 142)

Warum sind Sie hier, warum waren Sie hier?
Ich stelle mir immer wieder vor, so etwas von
der Polizei gefragt zu werden, und die Frage ist
gefährlich, weil jede Antwort – ich weiß nicht
weshalb – trotzig erscheint. Man kann sich
schon mit einem »Einfach so« die Sympathie
des Fragers verscherzen.   (B, 67)

»**A**ber die Vorstellung, daß Zebras hornlose
Nashörner sind, gefällt mir, und auch, daß es in
Kanada Leute gibt, die sich Hutterer nennen.«
                                            (B, 104)

Wo alles einfach so ist, wie es ist, wo niemand
älter wird, wo sich nichts verändert, wo letztlich
nichts zum Ärgernis wird – da fehlen die Geschichten.   (KK, 505)

Bertha erinnerte sich später immer wieder daran, daß sie ihren Vater mochte, aber er war sehr
alt und starb jung, und sie hatte ein Leben lang
diesen abgestandenen Geruch der Kupferblätze,
mit der die Mutter die Pfannen auskratzte, in
der Nase.   (C, 69 f.)

Erinnerung an und für sich, das ist schon viel.

(KK, 150)

Wie sollte er in einer solchen Welt zu einer Biographie kommen?

(C, 38)

Älterwerden ist etwas Natürliches. Was mich daran stört, ist nur, wie früh es schon beginnt.

(KK, 144)

Das Wort »alt« löst weder Interesse noch Bewunderung aus, sondern nur noch Geldgier. Es macht aus dem hintersten einen raffinierten Geschäftsmann. Und der Blumenstrauß des netten freundlichen, fremden und jungen schnauzbärtigen Mannes gilt nicht der alten Frau im Altersheim, sondern ihrer Kommode.

(KK, 203)

Ich ziehe es vor, weiterhin auf mein literarisches Recht zu pochen und am Thema vorbeizusprechen.

(S, 82)

Meine Fragen blieben unbeantwortet. Ihr habt gesagt, ich müsse erst erwachsen werden – nun glaube ich annehmen zu dürfen, ich sei es, und habe die Antwort immer noch nicht.   (KK, 26)

Und er sagte: »Ich weiß noch alles«, und er war sehr traurig, weil er noch alles wußte.   (K, 79)

Vielleicht ist es so, daß man selbst gar nie erwachsen ist, man ist es immer nur für die anderen.   (KK, 782)

»Ein Panzernashorn möchte ich sein«, sagte der Mann, »aber dazu ist es jetzt wohl zu spät.«

(K, 83)

Auf Leben und Tod

Ich hoffe, daß das, was ich hier mitteile, nicht privat ist. Ich meine, ich hoffe, daß Sie das kennen. (KK, 46)

Ich bin erstens ein fauler Mensch und zweitens einer, der sich gerne langweilt. (S, 51)

Müßiggang sei aller Laster Anfang, wurde mir mal eingebleut, seither müßige und müßige ich mich, doch nichts passiert, noch bin ich kein Raucher, nur rauchend. Immerhin werde ich im Müßiggang empfindlich. (TG, Mechthild)

Ja, das ist banal. Aber das Leben beginnt im Banalen. (KK, 735)

Der Lebenslängliche, befragt, wie er das aushalte oder mache all diese Jahre im Gefängnis, antwortet: »Weißt du, ich sage mir immer, diese Zeit, die ich hier verbringe, müßte ich draußen auch verbringen.« (Z, 69)

Leben ist auch als reine Präsenz eine Leistung.

(KK, 69)

Leben an und für sich, wenn das Herz schlägt
und wenn das Hirn dies feststellen kann. Ich
fühle mich gut, ich lebe. Ich genieße es, auf
meine »Vitalfunktionen« reduziert zu sein:
»Il bat, il bat, il bat.«

(KK, 692)

Einschlafen und das Leben im Ohr haben.

(KK, 292)

Ich kann mein eigenes Leben zwar erfahren,
aber ich weiß (fast) nichts darüber.

(KK, 114)

Kürzlich stellte ich zu meinem Entsetzen fest,
daß ich stolz bin auf meinen Espresso und daß
ich auch dafür von meinen Gästen ein Kom-
pliment erwarte. Dabei habe ich ihn gar nicht
gemacht. Ich habe nur auf den entsprechenden
Knopf meiner Maschine gedrückt.

(KK, 664)

Woher beziehe ich die Arroganz, zu behaupten: Wir Schweizer machen den Kaffee richtig, ihr Deutschen macht ihn falsch? (KK, 180)

Kein Wunder, wirklich kein Wunder, daß wir nicht mehr fliegen können. Wir sind zwar kräftig, aber furchtbar schwer geworden. Es bleibt uns nichts anderes übrig, als unsere kindliche Erinnerung daran, daß wir fliegen konnten, mit einer Handbewegung wegzuwischen. (KK, 685)

Ich habe schon die Tendenz, deprimiert am Morgen aufzustehen. Aber so kann man ja nicht leben. Also verbringe ich den Tag mit kleinen Versöhnungen und setze mich an den Stammtisch der SVP-Wähler. Dort stelle ich fest, das sind ja auch nur Menschen. (work)

Aber verzichten Sie bitte darauf, mich auf Autobiographisches anzusprechen. Ich werde alles abstreiten und auf meinem Recht auf Fiktion beharren. (L, 79)

Alle haben in ihrer Ahnenreihe einen armen Bergbauern, eine arme Heimarbeiterin, einen armen Weber, und alle sind stolz darauf.

(KK, 420)

Dabei haben auch sie das Leben damals im Kino gelernt, wo jeder, der etwas spielte, etwas war, nämlich der Teil einer Geschichte. (KK, 674)

Man müßte etwas anderes gern haben als den guten Wein, nämlich das Leben selbst, dann wäre jeder Wein gut genug und das Leben lang genug, um schlechten zu trinken. (KK, 560)

Leben entdecken – das ist eigentlich Leben. Eigenartig, daß man genau das nicht erzählen kann und daß sich jener, der es versucht, lächerlich macht.

(KK, 322)

Ich habe bei meiner Enkelin sehr viel gelernt, der zweijährigen, nämlich daß diese Welt existiert. Die kam an und sagte: Baum, und ich sehe wirklich vor meinem Haus einen Baum stehen, da steht wirklich ein Baum. Und sie hat das Wort so strahlend gesagt, daß ich ihn wieder gesehen habe. Was sind meine Erfahrungen, meine schäbigen resignativen Erfahrungen gegen die Erfahrung, die das kleine Mädchen macht. Und es gibt einen Mond, und es gibt eine Sonne. Das existiert. Das Leben ist lebenswert. Es ist faszinierend mitanzusehen, wie sich so ein Kind Leben erobert. Das bleibt.   (Ü, 211)

Schon mit dreizehn schlich sich Hammer unter irgendwelchen Vorwänden – er hätte einem Schulkollegen bei den Aufgaben zu helfen – ins Theater. Die Mutter hätte das erlaubt, und dem Vater wäre es recht gewesen. Deshalb schlich er sich.   (C, 49 f.)

Der Eintrag des Vierzehnjährigen – 1940, erstes Wachstuchheft – unter dem Datum des 29. Februar, »Das Leben dauert zu lange«, mag die vielen leeren Seiten, die ihm folgten, verständlich machen. Das Programm eines jungen Dichters: »Das Leben dauert zu lange.«
                                              (C, 11)

Das Leben Ingol Habertrubers war von Anfang an zu kurz, als daß es seinen Bedarf an Vergangenheit hätte decken können. Seine Gegenwart war das Erzählen, und diese Gegenwart war zu lang. Ihr fehlte es an Vergangenheit, um die Länge der Gegenwart zu füllen. Die Ungeduldigen – und leider gehörte auch ich immer wieder dazu – nannten sein Leben Lüge. (B, 110)

Keiner war mir so nah, weil es über keinen so wenig zu erzählen gibt. (B, 117)

Unser Leben wird dann sinnvoll, wenn wir es uns erzählen können. (L, 89)

Das Leben ist endlich, das macht uns zu Erzählern, zu verzweifelten, zu glücklichen, zu fahrlässigen Erzählern. (G, 88)

Nicht so einer, sondern ein armer Bub, der sich durchgeschlagen hat und der zum Schluß ein richtiges Leben hinterließ – Hut ab. (KK, 68)

Auch ich möchte so etwas wie ein Leben hinterlassen (nicht einen Namen oder ein Werk – ein Leben, das ist was anderes). (KK, 69)

Und vielleicht ist wirklich ein Leben im Dienste der Kanarien ein Leben. (KK, 15)

Ich schäme mich jedesmal, wenn es mir nicht gelingt, dem Langweiler zuzuhören. Es gelingt mir nie. Er hat doch auch – jetzt, da er bald achtzig ist – ein Recht darauf, eine Biographie zu haben, ein Recht darauf, ein Leben gelebt zu haben, auch wenn fast gar nichts Spektakuläres in ihm passiert ist. (KK, 321)

Könnte es sein, daß Karriere immer ohne Biographie ist? (KK, 262)

Ein Freisinniger sagt mir, daß er im Grunde genommen ein Linker sei. Ein Spießer sagt mir, daß er im Grunde genommen ein Revoluzzer sei. (KK, 79)

Daß er das alles von Hand auf weiße Karten
schreibt, das hält Binswanger für Menschlichkeit. (Z, 74)

Was wir im Grunde genommen sind, ist unsere schäbige Hoffnung. Mit Schüchternheit
läßt sich auf dieser Welt zwar wenig erreichen,
trotzdem legen wir Wert darauf, es im »Grunde
genommen« zu sein. (KK, 81)

Er fürchtete sich, und wenn er zu jemandem
sagte: »Es ist kälter geworden«, erwartete er
Trost. (E, 19)

Wer sein Leben in Würde bestehen will, der
erträgt den Sommer nicht. (B, 115)

Ich möchte eigentlich gern etwas verpaßt
haben. (KK, 130)

Ich erlebe im Augenblick zuviel – und wer viel
erlebt, der hat wenig zu erzählen, dem fällt
wenig ein. (KK, 480)

Wir können nicht mehr erzählen, weil unser Leben nicht mehr erzählenswert ist, wir erleben unser Leben nicht mehr als Ereignis. (KK, 270)

Entfremdung, entfremdete Arbeit, entfremdetes Leben. Das wissen wir schon lange, daß die Technik entfremdet. Dort, wo sie nicht funktionierte, bekam sie ihre Menschlichkeit zurück. (KK, 665)

Es gibt keine Geschichten mehr, es sind alle erzählt, also erfindet man Geschichten, die man gar nicht mehr erzählen muß, die immer dieselben sind, mit immer derselben Pointe: Skirennen zum Beispiel. (KK, 270)

Ich mag eigentlich das Reden über Sport, und ich freue mich auch ein wenig auf die Fußballweltmeisterschaften. Hie und da gehe ich auch zu einem Spiel. Ich könnte zwar auch darauf verzichten und würde es nicht sehr vermissen, aber wenn ich gehe, dann habe ich es ernst zu nehmen, dann habe ich mich zu ärgern über ein Foul an meiner Mannschaft, da habe ich zu

diskutieren mit meinem Nachbar, ob das nun
Abseits war oder nicht, da habe ich mich zu
freuen über die Entscheide des Schiedsrichters
oder zu ärgern – ich habe ein Fachmann zu
sein, und die Sache muß mir wenigstens für die
zwei Stunden wichtig sein.   (KK, 172)

Nein, Sport ist kein Spiel. Erwachsene können
nicht spielen.   (KK, 611)

Wir, hier in der Kneipe, wir sind die eigentlichen Fußballer, auch wenn wir in unserem
ganzen Leben noch nie Fußball gespielt haben.
Wir sind die Fußballer, wir sind die Kenner und
die Könner, und jene am Fernsehen – also jene
im Stadion – sind nur unsere Stellvertreter. Sie
spielen Fußball, stellvertretend für uns. (KK, 777)

Ich interessiere mich also für etwas, das mich
nicht interessiert. Ich halte das für fast erschrek-
kend und für eine gefährliche Belustigung meiner wirklichen Interessen. Es würde mich nicht
überraschen, wenn ich mich im Skirennsport
besser auskennen würde als in der deutschen

Literatur, besser auskennen würde als in der
Schweizer Politik. Bin ich denn der einzige, der
sich dauernd für Dinge interessieren muß, die
ihn nicht interessieren? (KK, 200)

Ich komme mir betrogen vor – weil das, was ich
mein Interesse nenne, offensichtlich nicht mir
gehört. Ich interessiere mich nicht – ich werde
interessiert. (KK, 135)

Eigentlich möchte ich mich für Dinge interessieren, die mich interessieren. Aber mein ver-
dammter Sinn für Interesse macht es der Welt
leicht, mich von meinen eigenen Interessen
abzulenken. (KK, 201)

Ich werde in einem Monat etwas wissen, das
mir nicht wichtig ist – ich werde wissen, wie die
Sieger heißen. (KK, 308)

Als Fußballer war ich ohnehin schlecht. (L, 41)

Ich bin unsportlich, ich bin es sogar leidenschaftlich – leidenschaftlich unsportlich. Ich kann mir einfach nicht vorstellen, daß Leiden gesund ist. Ich kann dem Wort Leistung ebensowenig abgewinnen wie dem Begriff Positives Denken. (KK, 739)

Ich glaube keinem, der für sich selbst nichts anderes wünscht als eine gute Gesundheit. Das einzige, was erstrebenswert ist in diesem Leben, ist die Million. Das einzige, was wir alle wollen, ist, scheißreich zu werden. (KK, 209)

Jedenfalls beneide ich den nicht, der sein ganzes Leben nie krank war. Ich fürchte, er hat sein ganzes Leben der Gesundheit geopfert. (KK, 694)

Ich fürchte mich, wenn ich Tausende von Amerikanern sehe – sonntags im Central Park in New York –, die gegen den Tod anrennen, sich abkämpfen, abmühen, zu Tode quälen. Wen überwinden sie eigentlich, wenn sie sich selbst überwinden. (Ü, 137)

Ich weigere mich, meine sonntäglichen Wanderungen zum Sport degradieren zu lassen.

(Ü, 137)

Wir organisieren im Sport so etwas wie Scheinleben, als hätten wir sonst nicht Leben genug. Immerhin, ich habe auch fast nichts dagegen, liefern Sportereignisse wenigstens Gesprächsstoff für jene in der Beiz, die sonst sprachlos wären, und Sprechen ist vielleicht besser als Schweigen. (KK, 270)

Allerdings: der Sieg über sich selbst – das ist Ideologie. Und dieser Ideologie verfällt keiner freiwillig. (KK, 107)

An was denkt denn der Hochspringer, wenn er so tut wie einer, der denkt? (KK, 107)

Sport ist die schönste Nebensache der Welt, sagt man. Was ist das für eine Nebensache, die nicht erlaubt, daß man beim Start an eine unglückliche Liebe denken darf? (KK, 174)

Nein, ich übertreibe nicht: Fußball ist so wenig die schönste Nebensache der Welt wie für den gläubigen Katholiken die Messe.   (KK, 711)

So entscheidet sich halt dann der besoffene Markus für einen eigenen Glauben, für den Glauben an den SCB Bern. Dafür muß ich unter den verlogenen religiösen und nationalen Verhältnissen fast Verständnis haben. Der Glaube von Markus – er weiß es nicht – ist irrational, also echt.   (KK, 413)

Ich fürchte mich, wenn Sport zur Religion wird. Und Sport wird zur Religion, wenn er ein Versuch wird, den Tod zu überwinden. Religion ist immer ein Versuch, den Tod zu überwinden.
          (Ü, 137)

Gegen Glauben ist man machtlos.   (KK, 731)

»Das weiß ich«, sagte er, »aber das glaube ich nicht, und deshalb muß ich es ausprobieren.«
          (K, 10)

Ich weiß nicht, ob ich an einen Gott glaube –
und Fromme werden mir diesen Satz nicht
verzeihen, aber ich kann in dieser einen Sache
nicht lügen – das ist schon sehr eigenartig, daß
ich es in dieser Sache nicht kann, und vielleicht
ist das schon ein Teil eines Gottesbeweises –
aber ich kann wirklich beim besten Willen nicht
wissen, ob ich an ihn glaube.   (Ü, 12)

Warum sollten wir Gott lieben, wenn er uns
bereits liebt?   (Ü, 19)

Ich muß ein religiöser Mensch sein, das habe
ich zu akzeptieren, damit habe ich zu leben.
                                                 (S, 109)

Ob die Kirche etwas beitragen wird und kann
zur Verbesserung der Welt – ich weiß es nicht,
und ich zweifle daran. Was sie aber nie verhindern kann, das ist, daß sich Weltverbesserer auf
ihren Gründer beziehen werden.   (S, 129)

Es gab eine Zeit, da erklärte die Kirche die Wahrheit zur Ketzerei. Als sie die Wahrheit nicht mehr verhindern konnte, erklärte sie die Naturgesetze für göttlich. In beiden Fällen, so nehme ich an, aus keinem anderen Grunde, als um menschliche Hoffnung zu verhindern: die Hoffnung darauf, daß etwas anders sein könnte, als es ist. (S, 8)

Das Reich Gottes ist nicht das Reich der Erfolgreichen. (Ü, 18)

Die vorschnellen Erleichterungserklärungen der Christen erscheinen mir jedenfalls immer etwas allzu diesseitig, ich meine, etwas allzu kapitalistisch – gut ist, was nützt. (S, 109)

Er hat nichts gegen Christentum, er hat nur etwas gegen Radikalismus, gegen das Ernstmachen. (S, 114)

Schreibe ich hier eigentlich noch über die Kirche oder bereits von den Problemen der Sozialdemokratischen Partei? (S, 128)

Den Sozialdemokraten ist es gelungen, ihre
Gründer über Bord zu werfen. Darum gibt es
sie nicht mehr.   (Ü, 199)

Aber daß der Herr mein Trotz ist, das ist meine
Hoffnung. Ich hoffe nicht auf Gott, aber ich
hoffe auf unseren Trotz, der Gott ist.   (Ü, 14)

»Der Herr ist mein Trotzdem!« Und wenn einer
kommt, der schlüssig und endgültig beweist,
daß es ihn nicht gibt – ich brauche ihn trotzdem. Ich brauche ihn nicht, um zu überleben.
Ich brauche ihn nur, um leben zu können.

(Ü, 12)

Aber leben haben wir in den letzten Jahrzehn-
ten endgültig verlernt. Es gibt nur noch die
Qualität, in der die einen leben, und das Nichts
der anderen.   (KK, 560)

Ach, wären wir doch tolpatschig wie die
Clowns. Der trotzige Gott hätte sie geliebt.

(Ü, 15)

Plötzlich stelle ich fest, daß ich eigentlich mit nichts etwas zu tun habe, weder mit meinen Reisen noch mit »meinen« Beerdigungen, noch mit »meinen« Geburten, mit »meinen« Lottogewinnen, mit meinen Steuern, mit meiner Sehnsucht – alles Organisation. (KK, 388)

Schon längst aber hat die Entfremdung unser ganzes Leben ergriffen, und plötzlich erscheint uns alles Organisierte als so etwas wie Natur. (KK, 389)

Einer sagt, daß jeder ein Idiot sei, der die leeren Flaschen nicht in den Kehricht werfe, schließlich bezahle er Kehrichtsteuer. (KK, 304)

Es gibt so eine Vorstellung, daß alles Gute eine Folge von Ordnung ist und alles Schlechte eine Folge von Unordnung. Mit diesem Satz haben wir alles zubetoniert und die Bäche zugeschüttet und die Autobahnen gebaut – alles Ordnung, und jetzt, wo die Ordnung ihre Schäden fordert, jetzt sollen diese Schäden wieder mit Ordnung bekämpft werden. (KK, 302)

Das Gräßlichste an Autobahnen ist für mich
der Umstand, daß ich sie nur unter Ausschluß
meines Orientierungssinnes benützen kann und
darf.   (KK, 188)

Nach einer Fußwanderung habe ich wieder
einen Standpunkt, weil ich meine Orientierung
wiederhabe.   (KK, 189)

Nein, ich habe gar nichts gegen Organisation.
Ich fürchte mich nur vor der Selbstverständlichkeit, mit der wir sie benützen, vor der
Selbstverständlichkeit, mit der sie angeboten
wird.   (KK, 388)

Das ist ihr Irrtum, daß sie glauben, durch Ordnung entstehe Demokratie. Es ist umgekehrt,
nur durch Demokratie entsteht Ordnung.
                                         (S, 163)

Ich schlage vor – damit endlich Ordnung ist –,
daß alle Käser in Lengnau wohnen müssen, alle
Bauern in Großhöchstetten, alle Kaufleute in
Zürich, alle Laboranten in Basel, alle Reichen in

Ascona, alle Armen in Bückten usw. usw. –
damit diese, den Bürgern lästige, liberale Bun-
desverfassung endlich ihr Ende hat.   (KK, 476)

Aber zwischendurch setze ich mich und schaue
mir kleine Ausschnitte des Lebens an, und sie
gefallen mir: ein Sonnenaufgang, die Krokusse
in meinem Garten, der freundliche Gruß des
Busfahrers, ein Lächeln meines Nachbarn –
und all das könnte ich nicht erkennen und nicht
unterscheiden, ohne daß Eva in den Apfel ge-
bissen hätte.   (Ü, 41)

Ob es ein Leben nach dem Tod gibt, wäre dann
auch die Frage, ob es weiterhin Schwierigkeiten,
Mühen und Plagen gibt – ob es weiterhin ein
Denken und ein Erkennen, eine Erkenntnis
gibt. Denn Leben ohne Dilemma ist kein Leben. Vorläufig aber denke ich noch, und denke
dagegen und noch mal dagegen. Ich lebe gern.
Ich lebe gern als Mensch.   (Ü, 44)

Er tut mir recht eigentlich leid, der sehr alte
Mann. Er ist kein Geiziger, er ist nur einer geworden. Warum? Er hat Angst, Angst macht
geizig, und er versucht, mit letzter Kraft, seinen
Tod zu überlisten. (KK, 245)

Er war tot geworden. (E, 22)

Das ist eine Geschichte, dieser eine Satz. (J, 81)

Es ist zu einfach, Leuten ein Leben zu geben
durch ihren Tod. (B, 26)

Die Neigung Cherubins zum frühen Sterben
blieb ein Leben lang, ein langes Leben lang.
(C, 91)

»Was wären wir ohne unsern Tod.« (KK, 147)

Es gibt nur einen Tod, der mich wirklich be-
trifft, das ist mein eigener – und alle anderen
Tode sind nur so schwer, weil sie mich an
meinen erinnern. (Ü, 165)

Aber es gibt wohl Gründe, daß wir so denken –
vielleicht weil es schließlich nur zwei Welten
gibt: die der Lebenden und die der Toten und
weil die Grenzen dazwischen fließend sind.

(KK, 146)

Den Tod, diese Tausendstelsekunde des Über-
gangs, bestreitet jeder ohne Vorinformationen –
zum mindesten glauben wir das. Andererseits
erzählte mir ein Freund, der im Krieg die Menschen sterben sah, daß viele versucht hätten,
genau so wie im Film zu sterben: mit demselben
heldischen Pathos, denselben Bewegungen,
oft denselben Worten. Den Film hatten sie im
Frontkino gesehen.

(L, 20 f.)

Kürzlich ist einer tödlich verunglückt, der mich
gehaßt hat. Sein Tod tat mir leid. Ich hätte mir
gern gegönnt, daß er älter und versöhnlicher
geworden wäre, aber ich weiß, wäre es eingetre-
ten, er hätte es sich übelgenommen.

(KK, 19)

Ich reagiere zwar vielleicht trotzig und bitter auf den Tod eines lieben Freundes; was mir mein Weiterleben dann vielleicht doch ermöglicht, das ist wohl auch meine Fähigkeit zur Resignation – die Fähigkeit, auf meinen Trotz zu verzichten. (KK, 254)

In letzter Zeit ist aber ein Wort in Mode gekommen, das mich entsetzt: »Trauerarbeit«. (KK, 198)

Er versprach sich viel von seinem Begräbnis und hatte stets Wünsche für die Gestaltung der Feier. »Macht ja keine Geschichten«, erklärte er, oder er sagte zur Frau: »Weißt du, daß ich Nelken hasse, das mußt du wissen, das könnte einmal wichtig sein.« (E, 30)

Es gibt beleidigend wenig zu tun, einen Menschen zu begraben. (Z, 110)

Armer James Joyce: er ist tot. Es ist doch eigenartig, wie leid einem die Dichter tun, wenn sie tot sind. (L, 63)

Was würde ich meinem Freund H., der vor 14 Jahren gestorben ist, erzählen? »Du hast nichts verpaßt, gar nichts«, würde ich ihm sagen, und er würde böse, und er würde mich anschreien, denn er starb jung, und er hätte sehr gerne länger gelebt, und er hätte gelebt, und es hätte ihn interessiert. (KK, 513)

Das Leben ist kurz, sagte er sich, und er wurde weit über neunzig, aber das einzige, was ihm passiert ist in seinem Leben, das ist, daß er an einem Haus vorbeigegangen ist – als Kind – und sich gesagt hat, daß er in einem solchen Haus mal leben möchte, daß er am ›Goldenen Engel‹ vorbeigegangen ist und gewußt hat, daß er an einem solchen Tisch mal essen werde. Und wenn er das erreicht hätte, dann wäre das ein Märchen; aber er hat es erreicht, und es ist kein Märchen. (Z, 9 f.)

Zufriedensein heißt, seinen Frieden gefunden zu haben. Aber wer ist schon bereit, ihn zu suchen, oder gar ihn zu finden. Ich nicht. Sie auch nicht. Weil wir alle daran glauben, daß die Anderen damit beginnen sollten und nicht wir. (Ü, 23)

Es ist doch sehr eigenartig, daß »Glück haben«
nicht glücklich macht, aber »Unglück haben«,
das macht unglücklich.   (KK, 331)

Mit einem Glücklichen kann man nicht sprechen, ein Glücklicher ist ein Asozialer, einer,
der nicht mehr dazugehört zu der Gesellschaft
der Unglücklichen.   (KK, 309)

»Glück haben« und »glücklich sein« ist nicht
dasselbe. Aber die Lottospieler spielen nicht
etwa, um Glück zu haben, sondern um glücklich zu sein – da sind sie offensichtlich im
falschen Spiel.   (KK, 331)

Was antwortet man eigentlich, wenn man
gefragt wird: »Liebst du mich?« Kann man da
zum Beispiel antworten: »Nein!« Ist die Frage
nach Liebe nicht doch bereits ein Angebot von
Liebe, das nicht so leicht abgelehnt werden
kann?   (KK, 194)

Ich beharre darauf, mit meinen Gefühlen dilettantisch umgehen zu dürfen.   (KK, 198)

Warum weigere ich mich denn, das bequeme »gut« als Antwort zu benützen?   (KK, 174)

Das Dilemma bringt mich zum Denken, ich denke gern, und dafür bin ich dankbar.   (Ü, 42)

Nun sind aber die einfachsten Dinge die schwersten.   (K, 11)

Ich war auch schon verliebt, und seit ich es war, fällt es mir schwer, zu sagen: »Ich liebe das Matterhorn, ich liebe Pellkartoffeln mit Käse.«
               (KK, 194)

Daß man eben nicht nur etwas denkt und aufschreibt, sondern daß man im eigenen Kopf auch etwas bewegt. Und daß man diese Bewegung gar nicht beschreiben kann.   (KK, 226 f.)

Auch wenn es ihr kein Trost war, daß sicher
niemand bemerkt hatte, daß sie sich einen ganzen Tag falsch bewegte.   (Z, 22)

Was wir gedacht haben, das bestimmt unser
Denken. Ein Neubeginn ist unter diesen Umständen nicht denkbar.   (S, 157)

Leben ist leben im Gewohnten, nur im Gewohnten kann man wohnen, und das Gewohn-
te ist das Gewöhnliche. Und es gibt immer noch
keinen, der sich an seinen Rolls-Royce gewöhnt
hätte. Sonst hätte er ihn gar nicht gekauft.
                                           (KK, 561)

Ich glaube, nichts ist dem modernen Menschen
in unserer Gegend so sehr mißlungen wie das
Wohnen. Wir sind es nicht mehr gewohnt.
Und nicht nur unsere Städte ahmen Wohnen
nur noch nach, wir alle wohnen nicht mehr so
recht und sind dauernd darum bemüht, Wohnen nachzuahmen – schönes, gemütliches altes
Wohnen.   (KK, 334)

Jemand sagte: »In diesem Haus könnte ich nicht wohnen, es ist so tomatenfarbig angestrichen.« Dagegen gibt es nichts zu sagen.　　(J, 7)

Aber im Zimmer war alles gleich, ein Tisch, zwei Stühle, ein Bett. Und wie er sich hinsetzte, hörte er wieder das Ticken, und alle Freude war vorbei, denn nichts hatte sich geändert. Und den Mann überkam eine große Wut.　　(K, 23)

Vielleicht gibt es Häuser, die unheilbar sind.
　　　　　　　　　　　　　　　(J, 55)

Vor meinem Haus hier schläft ein Homeless – ein Obdachloser – bei jeder Kälte, bei jedem Regen, und er ist mein Nachbar. Was mich an ihm so fasziniert, ist, wie ordentlich er wohnt. Ich selbst habe Mühe, meine gute und richtige Wohnung hier oben so in Ordnung zu halten, meine gutbürgerliche Existenz hat immer einen kleinen Hauch von Untergang – seine Randexistenz verteidigt er mit Ordnung, er hat zu überleben, und er hat das Tag für Tag, Nacht für Nacht.　　(KK, 444)

Im Hotel wird mir immer wieder ein ruhiges Zimmer angeboten. Alle Menschen wollen selbstverständlich ein ruhiges Zimmer. Ich will ein lautes mit Fenster auf die Straße, mit Autos und mit Menschen und mit dem scheußlichen Lied eines Betrunkenen. (KK, 292)

Später fragte er sich, ob das Zwitschern im allgemeinen wirklich mit der frühen Morgenstunde zu tun habe, ob es sich also so verhalte, daß die Vögel das Zwitschern aufgeben, wenn der Lärm der Autos einsetzt, oder ob man die Vögel nur wegen des Lärms nicht mehr hört. (B, 51)

Bevor er das Haus verläßt, zählt er sein Geld nach. Schnee wird es keinen geben, Schnee gibt es nicht mehr. Frierende Frauen sind schön, Frauen sind schön. (E, 20)

Sie ist jung, dachte man auch. Ein bißchen verdorben, wünschte man. Sie macht Lungenzüge, sah man. Eine Freundin hatte es sie gelehrt, wußte man. Um halb sieben fährt der Zug. Sie sahen ihr zu, wie sie den engen Mantel aufknöpfte, auszog, sich ausschälte. (E, 10f.)

Zum Schluß: Utopia – der Ort, den es nicht gibt. Jeder wirkliche politische Erfolg war nichts anderes als ein Stück mehr Utopia, war die Frage nach dem »Was wäre wenn«, und Utopia ist die einzige Alternative zu einer Zukunft, die niemand mehr mag. (S, 9 f.)

»Die Zukunft«, sagte der Koreaner, »kann ich nicht sehen, also liegt sie hinter mir; die Vergangenheit aber sehe ich, also liegt sie vor mir.« (KK, 763)

Und die Zukunft ist immer dann ohne Hoffnung, wenn wir sie kennen. (H, 57)

Ich halte es deshalb für meine Aufgabe, dem Bestehenden Schwierigkeiten zu machen, denn nur Schwierigkeiten veranlassen zur Veränderung. (D, 52)

Nur wer am Bestehenden seinen Widerstand geübt hat, wird ihn ausüben können vor dem möglichen Kommenden. (S, 12)

Nachwort

Peter Bichsel ist der Autor eines großen literarischen Werkes von einzigartiger Vielfalt und Prägnanz. In Luzern 1935 geboren und in Olten aufgewachsen, absolvierte er zunächst das Lehrerseminar in Solothurn, um dann Ende der 1960er Jahre den Lehrerberuf endgültig gegen das Fach des Geschichtenerzählers zu tauschen, eines minuziösen Erzählers, dem Lesen und Schreiben fast identische Tätigkeiten sind. Seither gilt er als eine der produktivsten Antriebskräfte der gegenwärtigen Literatur der deutschsprachigen Schweiz, nicht zuletzt indem er sich immer wieder als Mahner eines demokratischen Gemeinwesens, einer »res publica« in der Nachfolge von Max Frisch (1911-1991), in aktuelle Debatten einmischt und auf eigensinnige Weise tief in den helvetischen Alltag eindringt.

Schon an seinen Sätzen erkennt man Peter Bichsel. Deswegen wird er gerne auch als »Meister der kurzen Sätze« bezeichnet. Das ist schnell gesagt. Schnell Gesagtes aber birgt die Gefahr, etwas vorschnell zu sagen, und allzu sehr zu verkürzen. Und genau das bezwecken Peter Bichsels Sätze nicht. Im Gegenteil, er beharrt auf der komplexen wie paradoxen Formulierung und nimmt dabei bisweilen sogar in Kauf, nicht verstanden zu werden. Er mag solch ein Nicht-Verstehen. Er wehrt sich gegen das voreilige Einverständnis.

Auf den ersten Blick steht dies zunächst im Widerspruch zu einem Wunsch, wie ihn Peter Bichsel 1972 in einem Gespräch mit dem Germanisten Rudolf Bussmann äußerte. »Meine Hoffnung ist die, daß der Leser die Sätze erkennt«, meinte er, denn im Grunde seien seine Sätze allein Gebrauchtware, Occasionen, wie es im Schweizerdeutschen heißt: »Alle Sätze, die ich schreibe, sind schon gebraucht.« (Was wäre, 242) Schließlich biete die Welt, die ihn als Autor umgibt, bereits genügend sprachliche Anreize, die thematisch dargestellt und verarbeitet werden wollen. »Es muß mir gelingen, dieses Alltägliche neu zu kombinieren, neu zusammenzustellen.«

Das ist nicht immer ganz einfach, zumal wenn Schreibende wie Bichsel sich nicht so sehr mit ihrer literarischen Phantasie konfrontiert sehen, sondern vor allem mit dem Umstand, »daß die menschliche Phantasie fast nicht existiert«. (KK, 666 f.) Es muß so gesehen die Phantasie bei den Lesenden, den Rezipienten überhaupt erst angeregt werden, damit sie den Geschichten und Erzählungen des Autors zum eigentlichen

Leben verhelfen. Bichsel schreibt in diesem Sinn seine Texte nicht allein um des Schreibens willen, gleichwertig geht es ihm stets auch ums Lesen.

Peter Bichsel ist ein Leser, ein Alles-Leser, wie er ihn in seiner Poetikvorlesung umschreibt, die er 1982 in Frankfurt gehalten hat. Der Text seiner Vorlesung müßte Pflichtlektüre sein für all diejenigen, die sich mit Lesen befassen, allen voran die Lehrer. Er zeugt von einem großartigen Kenner wie Theoretiker der Lektüre als einer umfassenden literarischen Beschäftigung. Lesen ist in jedem Fall mehr als die bloße Aufnahme von Information, »Lesen hat immer wieder eine Spur von Meditation« (Ü, 182) in sich. Entsprechend erträumt sich Bichsel beim Schreiben seine Leser und fordert dabei ihre gesamte Lesekompetenz heraus. Gegenüber Bussmann führte er weiter aus: »Denn ich will meinem Leser die Möglichkeit geben, weiterzudenken, weiterzuarbeiten, mitzuarbeiten an diesen Geschichten.« Er folgt darin letztlich seinem Geistesverwandten Jean Paul (1763-1825), der sich einmal notierte: »Es gäbe kein langweiligeres Buch als worin nichts stände als der eigne Glaube des Lesers.«

Genauso wie sein literarisches Vorbild liebt Peter Bichsel den Konjunktiv für seine Spracharbeit. »Was wäre, wenn« ist letztlich die einzigartige Antriebskraft, mit der er sich neue Welten erschließt und die Verteidigung des Möglichen betreibt. In Kolumnen, Erzählungen und Romanprosa erzählt Bichsel episodisch Geschichten, die sich gerne ins überraschend Phantastische verspinnen – ohne dabei Zuflucht zu gewundenen sprachlichen Konstruktionen zu nehmen. Vielmehr wohnt ihnen eine ganz eigene Besonnenheit inne, die sich in einer akribisch formulierten Leichtigkeit ausdrückt, mit der Bichsel sich und den Lesenden die unterschiedlichsten wunderlichen Windungen und Wendungen des Lebens eingesteht.

Die kleinste Einheit dieser kunstvoll herausgearbeiteten einfachen Windungen ist der einzelne Satz. »Wandtafelsätze« nannte der Schweizer Autor Hermann Burger (1942-1989) einmal das Hauptmerkmal dieses Stils. Es sind aber eigenartig bewegende Sätze, die da vor einen hingestellt werden, denn ihnen wohnt ein Drehimpuls inne, der sie auf unnachahmliche Weise zugleich beschleunigt wie verlangsamt. »Das Langsame ist so wenig zu sehen wie das Schnelle« (C, 13), heißt es in Bichsels Roman »Cherubin Hammer und Cherubin Hammer« (1999). Tatsächlich ist nicht immer einfach zu benennen, worin diese stilistische Eigentümlichkeit exakt liegt.

Wenn Bichsel selber von »Gebrauchtwaren« redet, so sind seine Sätze dennoch von einzigartigem Raffinement und wohl bedachter Klarheit. Das offene Geheimnis liegt meist im feinen, oft unmerklichen Verstoß gegen Konventionen – grammatikalische ebenso wie rhetorische. Ein kurzer Satz wie »Er war tot geworden« (E, 22) irritiert beim genauen Lesen oder Hinhören dadurch, daß Bichsel die einfache Grundaussage in die grammatikalische Vorvergangenheit verschiebt. Der leblose Endzustand eines Menschen bekommt dadurch eine eigentümliche, prozessuale Dynamik. Daraus ergeben sich auf einmal irritierende Fragen. Was meint denn hier eigentlich »tot«, und was bedeutet »tot werden«? Die Antworten darauf bleiben allein den Lesern überlassen, die so unmittelbar mit einbezogen werden in Bichsels erzählerische Reflexion übers Erzählen. Sie werden in die Mitwirkungspflicht genommen, gewissermaßen als Entgelt dafür, daß ihnen Bichsel letztlich lauter bekannte Worte in ungewohntem Arrangement vorlegt.

Ein weiteres Stilmerkmal sind die kleinen Füllwörter, »vielleicht« oder »und«, die Bichsel gerne für einen Satzanfang verwendet. Darin äußert sich zum einen ein spezifischer Modus des Sprechens und Erzählens: Nach der Sprechpause zwischen den Sätzen wird in der Mundart nicht selten mit einem verbindenden »und« oder einem abwiegelnden »vielleicht« weitergesprochen. In beiden Wörtern steckt aber mehr.

Zumal da Peter Bichsel die Wahrheit, wie er häufig betont, vor allem als wahrhafte Spielform des Möglichen interessiert: »Es ist gut möglich, daß einer die Geschichte erfunden hat. Wahr ist sie trotzdem.« (L, 15) Derart bilden die Spielformen eines wahren Möglichen oder eines möglichen Wahren einen Kernimpuls von Bichsels Erzählen. Das eine fügt sich lose zum anderen, verknüpft durch die Konjunktion »und«, womit Bichsel das Kontinuum des fortlaufenden Entwickelns und erzählenden Munkelns über den einzelnen Satz und den ihn abschließenden Punkt hinausführt. Die konjunktivische Form des Möglichen offenbart hierbei ihre eigentliche Funktion: Sie steht in Diensten der Zukunft, der Hoffnung, der Utopie, in ihr vollzieht sich eine Form der subversiven Humanität und der kulturellen Vielfältigkeit.

All die angesprochenen Elemente erzeugen einen narrativen Sog, der die Begriffe und die Figuren in einer Art changierenden Offenheit hält und gleichzeitig von allen nur möglichen Seiten unter die Lupe nimmt. Bichsels Denken entzieht

sich damit jeglicher systematischen Geschlossenheit. Es zielt vielmehr auf eine rhythmisch
vollendete Form des mäandernden Räsonierens,
das letztlich unhintergehbar ist und sich nicht
dementieren läßt. Die allein selig machende
Wahrheit gibt es, so betrachtet, in Wirklichkeit
nicht. Gegen diese Einsicht hilft auch die Strenge des Erzählers in der Geschichte »Mann mit
Hut – ein Nachwort« nichts: »>Wenn Sie eine Geschichte erzählen wollen‹, sagte ich ihm, ›dann
lassen Sie das mit dem ›vielleicht‹ – entweder er
hat es gesagt oder er hat es nicht gesagt.«« (Z, 103)

Der Autor Bichsel weiß, »daß ich mir damit widerspreche, aber lassen Sie mir das. Ich widerspreche mir gern« (S, 57). Der Drehimpuls seiner
Sätze verleiht den scheinbar festgefügten, mit
allzu viel Pathos aufgeladenen Begriffen wie
Freiheit und Demokratie eine neue diskursive
Offenheit. Er verweigert sich den geläufigen Argumentationsmustern, indem sich banal Alltägliches unversehens mit Politischem verschränkt,
Poltisches im Persönlichen aufgehoben wird.
»Ich muß dauernd ein Thema suchen, damit ich
Sprache darstellen darf«, sagte Bichsel 1972,
»aber im Grunde will ich nichts anderes als Spra

che darstellen.« Das genügt vollkommen, denn diese gefundene Sprache hat er längst zur Denkform geadelt.

Aus der mundartlichen, schweizerischen Vorliebe für die Konjunktion »und« macht Bichsel einen Modus des Vorantreibens von Argumentationen, die nie zum Stillstand kommen. Diese beständige Bewegung demonstriert eine weitere Eigenheit Bichsels: den lustvoll eigensinnigen Umgang mit der grammatikalischen Zeitenordnung. »Sie habe einen Vater gehabt, er lebe noch, der liebenswert gewesen sei« (Z, 51), heißt es im Erzählband »Zur Stadt Paris« (1993) mit irritierender Direktheit. Zwischen dem Vater als einer Figur der Vergangenheit und seinem gegenwärtigen Fortleben entsteht eine Bruchstelle, die für sich schon eine nicht näher ausgeführte Geschichte erzählt. Der scheinbare Sprachfehler hat hier erzählerisches System.

Alle diese Elemente zusammengenommen ergeben eine rhetorische Struktur, die die sprachliche Konvention und den Verstoß dagegen wunderbar ausbalanciert. Hinter der Maske des bedächtigen Abwägens steckt ein ruheloser, aufrührerischer Geist, der weder feste Begriffe noch ewig währende Gründe anerkennt. »Ich habe das Warten durch die Ungeduld der Lange-

weile ersetzt« (B, 74), umschreibt er diesen Zu-
stand selbst mit einer sprachlichen Volte, die
etwas vom Diktum Walter Benjamins (1892-
1940) anklingen läßt: »Wer sich nie langweilt,
kann nicht erzählen.« Die leitmotivisch wieder-
kehrende Redewendung vom Erzählen und
Schweigen steht symptomatisch für den listigen
Erzähler Bichsel. Der Tischnachbar in der Beiz,
wie die Kneipe in der Schweiz genannt wird,
wollte alles erzählen – und schwieg. »Erzählen
ist mitunter auch Verschweigen. Erzählen führt
letztlich in das Schweigen.« (Ü, 182)

Scheinbar widersprüchliche Formulierungen
bilden das literarische Salz in Bichsels Prosa und
in seinen Kolumnen. Sie sind Kennzeichen eines
Fabulierens, das seine Leserschaft gern aufs
Glatteis der Irritation führt, um es ihnen selbst
zu überlassen, wie sie gedanklich wieder herun-
terfinden. Komplexität drückt sich bei Bichsel
nicht in komplexen Satzstrukturen aus, sondern
in einer vertrackten narrativen Konstruktion,
die scheinbar leichthin ins Offene führt und so-
mit die Leser in ihrer Lektüre irritiert.
Nebst erzählender Prosa hat Bichsel stets auch
essayistische Texte verfaßt (wobei die beiden

literarischen Gattungen allzu häufig in der Kurz-
prosa sich vermischen), in denen er über Gott
und die Welt, über die Schweiz und die Gesellschaft nachdenkt. Darin beweist sich seine ge-
dankliche Präzision und Schärfe, die eine Denk-
bewegung niemals voreilig abtötet. Was für sein
Erzählen gilt, kommt hier, in der Kolumnen-
form, erst recht zum Tragen. Bichsel denkt in
Sprache, er hält seine Argumentation dafür
möglichst weit offen und läßt sich dennoch stets
beim Wort nehmen. Seine Sätze mit der charak-
teristischen Drehbewegung, einem »Spin«, wie
es der Schweizer Autor Peter Weber nennt, lassen als eine eigene Art von Kürzestgeschichten
Gedankengänge immer wieder in neuen, überra-
schenden Facetten aufscheinen und halten so die
eigene Nachdenklichkeit – gerade auch allen
pessimistischen Skeptizismus – in Bewegung.
»Freiheit in der Relation ist relative Freiheit«
(G, 124), die der Mensch aber jeweils zu erstrei-
ten und zu behaupten hat. Dabei kommt es stets
auf die Optik an – wessen Freiheit gemeint ist
und wie viel Freiheit eine Gesellschaft oder ein
Individuum erträgt. Dieses stimmungsmäßig
Subjektive und Individuelle wird unversehens
zum Politikum.
Das sorgfältige Nachdenken – mal listig um-

ständlich und mal deutlich direkt – über die All-
täglichkeit des Lebens verleiht dem Bichselschen
Analysieren eine Stimme der Humanität. Sie verhindert, daß er zum einsamen Zyniker wird.
Statt dessen sucht er das Gespräch, in dem ein
Einverständnis zu gewinnen ist auf der Stufe des
Diskurses und der gemeinsamen Sprache, nicht
aber des Inhalts, wie es die politische Praxis der
»voreiligen Versöhnung« vorgaukelt. In solchem
Gespräch, Keimzelle der direkten Demokratie,
begründet sich die Identität der Partizipierenden
in dem Maße, wie sie sich nicht so sehr als Wis-
sende, vielmehr als Suchende, sich selbst befra-
gende Individuen verstehen und annehmen. Die
persönliche Freiheit läßt sich nur bewahren in
der entschiedenen Unentschiedenheit und im
ausgetragenen Konflikt. Um diese elementare
Freiheit geht es Bichsel.
Peter Bichsel ist in den 1960er Jahren mit seinen
Prosabüchern »Eigentlich möchte Frau Blum
den Milchmann kennenlernen« und »Kindergeschichten« bekannt und berühmt geworden. In
ihnen stellt sich uns ein verspielter, versonnener,
abgründig komischer Fabulierer vor, der mit
seinem Spielbein stets ins Unfaßbare hinüber-
zutreten droht. Seit 1975 schreibt Bichsel regel-
mäßig aber auch Kolumnen für Schweizer Zei-

tungen und Zeitschriften, speziell die Publikumszeitschrift »Schweizer Illustrierte«. »Ich möchte aus allen meinen Romanen 1 großen Roman machen«, notierte Jean Paul einst. Bichsels eigentlich großer Roman, sein geheimes Opus Magnum, sind diese Kolumnen, die als sprachliche Miniaturen gegen alle erwartbare Atomisierung des Weltverständnisses zu komplexeren Formen und einem größeren Ganzen tendieren. Seit den ersten Tagen ihres Erscheinens haben sie trotz der genretypischen Tagesaktualität bis heute eine staunenswerte Frische bewahrt. Wobei sie ihre Wirkung wie Wirkungslosigkeit immer auch mitreflektieren. »Die Zeiten haben sich geändert, nur die Zeiten« (KK, 99), wappnete sich Bichsel schon 1977 gegen allfällige Enttäuschungen durch die realen politischen wie gesellschaftlichen Entwicklungen. Jedoch täuscht uns diese Vorsicht nicht darüber hinweg, daß am Grund von Bichsels launig anmutenden Geschichten oftmals ein Entsetzen, eine Trauer, eine Verzweiflung mitschwingt. Es ergeht dem Autor mitunter wie dem Mann, der sich vergeblich im Vergessen übte und darüber traurig war, »weil er noch alles wußte«. (K, 66) In der Ereignislosigkeit, in der als brüchig empfundenen Zeit und im Primat des Konjunktivs

lauern Abgründe, über die das Erzählen hinweg-
helfen kann – ohne daß es die Deprimiertheit
restlos zu vertreiben vermöchte. Bichsel gleicht
der Titelfigur in »Der Erzähler« im Band »Zur
Stadt Paris«, der von einem Kind gefragt wurde,
»ob er lieber lustige oder traurige Geschichten
erzähle. Er fuhr sich lange mit dem Finger über
die Nase und sagte dann: ›Wenn ich es unterscheiden könnte, dann möchte ich lieber traurige
erzählen.‹« (Z, 95) Leser, wirkliche Leser, erspü-
ren beim Lesen diese jähe Leere, sie haben Teil
an einer höchst intimen Erkenntnis.

Eine Auswahl wie die vorliegende, in der Ori-
ginalzitate aus dem Kontext herausgetrennt und
damit in einen neuen Kontext eingebettet werden, muß zwangsläufig den Verdacht der Ver-
kürzung und damit Verfälschung wecken. Diesem Vorwurf können und wollen wir uns als
Herausgeber stellen. Für unsere Auswahl spricht
unser Wille, dem schillernden Werk von Peter
Bichsel gerecht zu werden, indem wir seine literarische Form des besonnenen Räsonierens und
Hinterfragens abzubilden versuchen. Das gibt
Einblick in einen erstaunlich aktuellen und bri-
santen, obendrein unterhaltsamen literarischen

Satzbaukasten. Schließlich sind Bichsels einfache Sätze, mögen sie bisweilen auch kleinen, unscheinbar gewöhnlichen Leuten oder grotesk gescheiterten Charakteren in den Mund gelegt sein, alles andere als bloß abgelauschte Realien aus dem wirklichen Leben. In ihnen schwingt immer auch Literarisches mit, indem sie in vielerlei Beziehung zu Gehörtem und Angelesenem stehen. Der verlangsamende Satz vom Wüsten durchquerenden Kalifen zum Beispiel: »Wir müssen hier lange warten, wir sind zu schnell geritten, unsere Seelen sind nicht so schnell, und wir müssen hierbleiben, bis sie uns wieder eingeholt haben.« (KK, 328) Ein Satz wie aus »1001 Nacht«, der sich in bezeichnenden Varianten in der Erzählung »Zwei Männer« von Robert Walser (1878-1956) ebenso wiederfinden läßt, wie in den »Notizen« eines Ludwig Hohl (1904-1980) oder aber, als weitverbreitete orale Erzählung indigener Völker anekdotisch, in den »Traumpfaden« des englischen Reiseschriftstellers Bruce Chatwin (1940-1989). All das spricht letztlich auch von einem breiten kulturellen wie literaturgeschichtlichen Assoziationsfeld, in welches einen die Bichselschen Sätze entführen können. Damit läßt sich beim Lesen weit über die vordergründig angesprochenen Themen hinausträumen.

Die von uns ausgewählten Zitate haben wir, in sieben Kapiteln als Spannungsbögen gruppiert, zu einem abwägenden mit sich selber Dialogisieren durch Zeiten, Themen und Leitmotive hindurch formiert, um damit das Bichselsche Universum in Umrissen anzudeuten und weitere, vertiefende Lektüre nahezulegen.

Das alles ist schnell gesagt, doch mit Umsicht und Geduld bedacht.

Beat Mazenauer/Severin Perrig

Quellen

Buchveröffentlichungen

B =   *Der Busant. Von Trinkern, Polizisten und der
        schönen Magelone.* Suhrkamp Taschenbuch,
        Frankfurt/M. 2000 (Erstausgabe 1985).

C =   *Cherubin Hammer und Cherubin Hammer.* Suhr-
        kamp Verlag, Frankfurt/M. 1999.

D =   *Des Schweizers Schweiz.* Suhrkamp Taschenbuch,
        Frankfurt/M. 1997 (Erstausgabe 1969).

E =   *Eigentlich möchte Frau Blum den Milchmann
        kennenlernen. 21 Geschichten.* Suhrkamp Taschen-
        buch, Frankfurt/M. 1996 (Erstausgabe 1964).

EB =   *Eisenbahnfahrten.* Hg. Von Rainer Weiss. Insel
        Verlag, Frankfurt/Leipzig 2002.

G =   *Das süße Gift der Buchstaben. Reden zur Literatur.*
        Edition Suhrkamp, Frankfurt/M. 2004.

H =   *Heute kommt Johnson nicht. Kolumnen 2005-2008.*
        Suhrkamp, Frankfurt/M. 2008.

J =   *Die Jahreszeiten. Roman.* Suhrkamp Taschen-
        buch, Frankfurt/M. 1997 (Erstausgabe 1967).

K =   *Kindergeschichten.* Suhrkamp Taschenbuch,
        Frankfurt/M. 1997 (Erstausgabe 1969).

KK =   *Kolumnen, Kolumnen.* Suhrkamp Verlag,
        Frankfurt/M. 2005; – darin enthalten:
        – *Geschichten zur falschen Zeit. Kolumnen 1975-1978.*
        Luchterhand Verlag, Darmstadt/Neuwied
        1979, S. 7-150;
        – *Irgendwo anderswo. Kolumnen 1980-1985.* Luch-
        terhand Verlag, Darmstadt/Neuwied 1986,
        S. 150-267;

– *Im Gegenteil. Kolumnen 1986-1990*. Luchterhand Verlag, Frankfurt/M. 1990, S. 268-387;

– *Gegen unseren Briefträger konnte man nichts machen. Kolumnen 1990-1994*. Suhrkamp, Frankfurt/M. 1995, S. 387-514;

– *Alles von mir gelernt. Kolumnen 1995-1999*. Suhrkamp, Frankfurt/M. 2000, S. 514-659;

– *Doktor Schleyers isabellenfarbige Winterschule. Kolumnen 2000-2002*. Suhrkamp, Frankfurt/M. 2003, S. 659-727;

– *Kolumnen 2003-2004*, S. 728-789.

L =   *Der Leser. Das Erzählen*. Frankfurter Poetikvorlesungen. Suhrkamp Taschenbuch, Frankfurt/M. 1997 (Erstausgabe 1982).

S =   *Schulmeistereien*. Suhrkamp Taschenbuch, Frankfurt/M. 1998 (Erstausgabe 1985).

T =   *Die Totaldemokraten. Aufsätze über die Schweiz*. Edition Suhrkamp, Frankfurt/M. 1998.

TG =   *Transsibirische Geschichten*. 2 Audio-CDs. Der gesunde Menschenversand, Luzern 2010;
       – darin enthalten:
       Mechthild = *Mechthild ist auf der Toilette – eine transsibirische Geschichte für Peter Härtling*;
       Cordes = *Meine Reisen zu Cordes – eine transsibirische Geschichte für Eckart*;
       Freund Siegfried = *Von den Schwierigkeiten, meinen Freund Siegfried zu beschreiben*;
       Garance = *Garance, Caran d'Ache und Samowar*.

Ü =   *Über Gott und die Welt. Texte zur Religion*. Hrsg.

v. Andreas Mauz. Suhrkamp Taschenbuch,
Frankfurt/M. 2009.

V =   *Versuche über Gino*. Privatdruck 1960.

Z =   *Zur Stadt Paris. Geschichten*. Suhrkamp,
Frankfurt/M. 1993.

Aufsätze, Reden und Gespräche:

B/A = Werner Bucher/Georges Amman: *Schweizer
Schriftsteller im Gespräch*, S. 18-46.

Cuny = *Cuny-Geschichten*. Pro Helvetia Lectureship 8,
New York 1994; – darin enthalten: *Ein Gespräch* mit Nike Mizelle, S. 42-62.

Die Geschichte = *Die Geschichte soll auf dem Papier
geschehn*, in: Peter Bichsel. Texte, Daten, Bilder,
hg. von Herbert Hoven. Sammlung Luchterhand, Hamburg/Zürich 1991, 17-22.

Rede = *Rede im Stadttheater Basel vom 8. September 1968*, in:
Tschechoslowakei 1968. Arche Verlag, Zürich
1968, S. 11-15.

Warum = *Warum mir die Geschichte mißlungen ist*, in: Pro
Infirmis (Hg.), Erfahrungen. Témoignage.
Testimonianze. 14 Autoren zum Thema »Der
Behinderte und seine Umwelt«. Lukianos Ver-
lag, Bern 1970, S. 15-20.

Wie = *Die Wahrheit über Prinz Rama*, Nachwort zu:
Beat Mazenauer/Severin Perrig, Wie Dorn-
röschen seine Unschuld gewann. Archäologie
der Märchen. Gustav Kiepenheuer Verlag,
Leipzig 1995, S. 297-300.

work = Interview mit der Zeitung work, Zürich,
       18. 11. 2010.

Zeit = *Der Schriftsteller in unserer Zeit.* Schweizer Auto-
       ren bestimmen ihre Rolle in der Gesellschaft.
       Francke, Bern 1972; – darin enthalten:

Was wäre = *»Was wäre, wenn«.* Gespräch mit Rudolf
           Bussmann, S. 235-246.

Inhalt

Peter Bichsel
im Suhrkamp Verlag

Alles von mir gelernt. Kolumnen 1995-1999.
266 Seiten. Gebunden

Der Busant. Von Trinkern, Polizisten und
der schönen Magelone. BS 1282. 121 Seiten.
st 3101. 124 Seiten

Cherubin Hammer und Cherubin Hammer.
Gebunden und st 3165. 110 Seiten

Das ist schnell gesagt. st 4294. 251 Seiten

Dezembergeschichten. IB 1295. 56 Seiten

**Doktor Schleyers isabellenfarbige Winter-
schule.** Kolumnen 2000-2002. Gebunden.
128 Seiten

**Eigentlich möchte Frau Blum den Milch-
mann kennenlernen.** 21 Geschichten.
st 2567. 73 Seiten

Eisenbahnfahren. Herausgegeben und mit
einem Nachwort von Rainer Weiss. IB 1227.
68 Seiten

Das süße Gift der Buchstaben. Reden zur Literatur. es 2353. 144 Seiten

Die Totaldemokraten. Aufsätze über die Schweiz. es 2087. 120 Seiten

Zur Stadt Paris. Geschichten. 115 Seiten. Gebunden. BS 1179. 114 Seiten. st 2734. 118 Seiten

Zu Peter Bichsel

In Olten umsteigen. Über Peter Bichsel. Herausgegeben von Herbert Hoven. st 3102. 148 Seiten